BRASIL

Dados Internacionais de Catalogação na Publicação (CIP)
(Câmara Brasileira do Livro, SP, Brasil)

Boff, Leonardo
  Brasil : concluir a refundação ou prolongar a dependência? / Leonardo Boff. – Petrópolis, RJ : Vozes, 2018.

  Bibliografia
  ISBN 978-85-326-5709-1

  1. Brasil – Condições econômicas 2. Brasil – Condições sociais 3. Brasil – História 4. Brasil – Política e governo 5. Cidadania – Brasil 6. Colonização – História 7. Crises – Brasil 8. Democracia – Brasil I. Título.

18-12201   CDD-981

Índices para catálogo sistemático:
1. Brasil : História política e social   981

Leonardo
BOFF

BRASIL

Concluir
a refundação
ou
prolongar a
dependência ?

EDITORA
VOZES

Petrópolis

© by Animus/Anima Produções Ltda.
Caixa Postal 92.144 – Itaipava
25741-970 Petrópolis, RJ
www.leonardoboff.com

Direitos de publicação em língua portuguesa:
2018, Editora Vozes Ltda.
Rua Frei Luís, 100
25689-900 Petrópolis, RJ
www.vozes.com.br
Brasil

Todos os direitos reservados. Nenhuma parte desta obra poderá ser reproduzida ou transmitida por qualquer forma e/ou quaisquer meios (eletrônico ou mecânico, incluindo fotocópia e gravação) ou arquivada em qualquer sistema ou banco de dados sem permissão escrita da editora.

CONSELHO EDITORIAL

Diretor
Gilberto Gonçalves Garcia

Editores
Aline dos Santos Carneiro
Edrian Josué Pasini
Marilac Loraine Oleniki
Welder Lancieri Marchini

Conselheiros
Francisco Morás
Ludovico Garmus
Teobaldo Heidemann
Volney J. Berkenbrock

Secretário executivo
João Batista Kreuch

Editoração: Maria da Conceição B. de Sousa
Diagramação: Mania de criar
Revisão gráfica: Nilton Braz da Rocha / Nivaldo S. Menezes
Capa: Adriana Miranda

ISBN 978-85-326-5709-1

Editado conforme o novo acordo ortográfico.

Este livro foi composto e impresso pela Editora Vozes Ltda.

A todos os que sonharam com um outro Brasil, aos movimentos sociais populares e às suas lideranças, aos partidos que resistiram e lutaram contra todas as ditaduras e guardam em sua mente e corpo os sinais de sua coragem.

SUMÁRIO

Introdução – Assim como está o Brasil tem jeito?, 9

Primeira parte – Precondições gerais para a refundação do Brasil, 15

I – Quatro leituras do Brasil: de colonizado no passado ao recolonizado no presente, 17

II – Quatro nós górdios que dificultam a refundação do Brasil, 25

III – O Brasil no processo de planetização, 31

IV – A geopolítica da nova Guerra Fria e a crise brasileira, 35

Segunda parte – Suposições gerais para uma refundação do Brasil, 43

I – A corrupção, mal endêmico da política brasileira, 45

II – O resgate da esperança e do princípio-esperança, 64

III – O antropoceno *versus* o ecoceno: como superar a surdez e a cegueira face aos riscos ecológico-sociais, 79

Terceira parte – A regressão: mais um golpe de classe, 87

I – Os equívocos e erros do PT e o sonho de Lula, 89

II – 2016: golpe de classe com uso do parlamento e do complexo jurídico-midiático, 97

III – A reconquista do poder pela classe dominante, 103

IV – O *impeachment* da Presidenta Dilma Rousseff como repetição da tragédia brasileira, 108
V – 1964: golpe de classe com uso da força militar; 2016: novo golpe de classe com uso do parlamento, 112
VI – Da recessão econômica à depressão psicológica, 117
VII – O golpe parlamentar como assalto ao bem comum, 121
VIII – Interlúdio: dez lições da múltipla crise brasileira, 125

Quarta parte – Completar a refundação ou prolongar a dependência?, 129
I – A herança de exclusão na história do Brasil, 131
II – Brasil: uma construção interrompida?, 137

Quinta parte – Exigências para uma refundação do Brasil, 143
I – A transição da velha para a nova cosmologia, 145

Sexta parte – Pressupostos para uma refundação do Brasil, 155
I – A conquista da cidadania pelo próprio povo, 157
II – Sociedade sustentável, democracia socioecológica e educação libertadora, 165
III – A universidade e a aliança dos saberes, 180

Sétima parte – A utopia da refundação do Brasil, 215
I – As três pilastras que sustentam a refundação do Brasil, 217
II – Aqui a natureza está "perpetuamente em festa": uma biocivilização, 219
III – A cultura: nicho da refundação do Brasil, 229
IV – O povo brasileiro em fazimento, 246
Conclusão – Brasil, nosso sonho bom: a sua refundação, 257
Referências, 261
Índice, 269

Introdução
Assim como está o Brasil tem jeito?

Quem olha a cena político-social-econômica vigente se pergunta, não sem certa angústia: "O Brasil tem jeito?" O senado, composto por vários de seus membros indiciados ou acusados de corrupção, condenou uma mulher inocente, a Presidenta Dilma Rousseff, contra a qual não se acusava de nenhuma apropriação de bem público e de corrupção pessoal. As aludidas "pedaladas" eram, antes, procedimentos administrativos do que atos de corrupção.

Com as recentes delações premiadas ficou claro que o problema não era a presidenta. Era a Lava Jato que, para além das acusações seletivas contra o PT, posteriormente também envolveu uma grande maioria de membros de diferentes partidos, especialmente de suas lideranças, até a figura do presidente de fato, Michel Temer, acusado de chefiar uma quadrilha de corruptos, além de empresários corruptos e corruptores com seus agentes doleiros. Todos, de uma forma ou outra, se beneficiaram das propinas da Petrobras e de outras estatais, como também de grandes empresas, para garantir a sua vitória eleitoral. "Precisamos estancar essa sangria [...] num grande acordão com o STF e tudo [dizia um dos notórios corruptos em mensagem gravada]; do contrário seremos todos comidos [...]; há que afastar a Dilma".

Ninguém aliena nada de seus bens para financiar sua campanha, nem precisa. Existe a mina do caixa 2 abastecida pelas empresas corruptoras, que criam corruptos a troco de vantagens posteriores na execução de grandes projetos, geralmente superfaturados, de onde amealham grande parte de suas fortunas.

Chegamos a um ponto ridículo aos olhos do mundo: dois presidentes, um usurpador, fraco e sem nenhuma liderança, e outro legítimo, uma mulher honrada, mas afastada e feita prisioneira em seu palácio; dois ministros do planejamento, um retirado e outro substituto; um governo monstruoso, antipopular e reacionário, composto de velhos ricos e corruptos, inicialmente sem nenhuma participação de mulheres.

Estamos efetivamente num voo cego. Ninguém sabe para onde vai esta nação, a sétima economia do mundo, com jazidas de petróleo e de gás, uma das maiores do mundo, e com uma riqueza ecológica sem comparação, base da futura economia. Assim como se delineia a correlação de forças, não vamos a lugar algum, se não a uma eventual convulsão social.

O pobre, beneficiado pelas políticas sociais dos governos Lula e Dilma e aliados, perdeu quase tudo. É constituído pela maioria da população que se acostumou a sofrer e a encontrar saídas como pode. Mas chega a um ponto em que o sofrimento se torna insuportável. Ninguém aguenta, indiferente, vendo um filho minguar de fome ou de absoluta falta de assistência médica. E diz: "Assim não pode ser. Temos de ganhar as praças e as ruas, e nos rebelar".

Isso me remete a um bispo franciscano do século XIII da Inglaterra, que recusando os altos impostos cobrados pelo papa, respondeu: *Non accepto, recuso et rebello* (Não aceito, me recuso e me rebelo). E o papa retrocedeu. Não poderá ocorrer algo semelhante entre nós?

Quando, em palestras – fazendo um esforço imenso para deixar um laivo de esperança –, me dizem: "Mas você é pessimista"!, respondo com o português José Saramago, Prêmio Nobel de Literatura: "Não sou pessimista; a realidade é que é péssima".

Efetivamente, a realidade está sendo péssima para todos, menos para aqueles grupos endinheirados, acostumados à rapinagem, ganhando com a desgraça de todo o povo. Eles têm o seu templo de profanação na Avenida Paulista, em São Paulo, onde se concentra grande parte do PIB brasileiro. Bem dizia o economista da Unicamp Luiz Gonzaga Belluzzo: "O Brasil não tem elites, tem apenas ricos".

O grave é que estamos faltos de lideranças. Abstraindo o Ex-presidente Lula, cujo carisma é inconteste, apontam poucas lideranças de base nacional que têm a coragem de dizer a verdade e pensam mais no Brasil como nação do que nas disputas partidárias.

Essa crise tem um pano de fundo nunca resolvido em nossa história, desmascarado recentemente por Jessé Souza (*A tolice da inteligência brasileira* – De como o país se deixa manipular pela elite, 2015; *A radiografia do golpe* – Entenda como e por que você foi enganado, 2016; *A elite do atraso* – Da escravidão à Lava Jato, 2017). Somos herdeiros de séculos de escravagismo e de colonialismo, e hoje de intentos de neocolonialismo, que nos deixaram o "complexo de vira-latas", sempre dependendo dos outros de fora e querendo ser aquilo que nunca poderemos ser, os americanos.

É relevante ressaltar, por suas consequências até os dias de hoje, a herança secular do escravismo, que fez com que os herdeiros da casa grande se sentissem senhores da vida e da morte do que chamavam de "peças", postas à venda: negros e mulatos. Não bastava lançá-los nas periferias; havia que desprezá-los e humilhá-los. E a classe média que imita os de cima, tolamente se deixa manipular por eles e inocentemente se faz cúmplice da horrorosa desigualdade social.

Esses superendinheirados (71.440 pessoas lucram 600 mil reais por mês, nos revela o Ipea) conquistaram os meios de comunicação de massa, golpistas e reacionários, que funcionam como lubrificante para a sua maquinaria de dominação. Esses grupos nunca se comprometeram com a democracia; apenas com a de baixíssima intensidade, que a podem comprar e manipular. Preferem os golpes militares, dos quais são abertamente cúmplices, e as ditaduras que lhes facilita a manipulação da população e a acumulação tranquila.

Hoje já não é mais possível um golpe pelas baionetas. Excogitou-se outro expediente (cuja sede de elaboração se encontra no Pentágono): o golpe vem por uma artificiosa articulação entre o Parlamento, o Complexo Jurídico-policial politizado, o Ministério Público parcial e parte do STF. Vários tipos de golpe, portanto: o parlamentar, o jurídico, o midiático e o policial.

Concluo o raciocínio com as palavras pertinentes de Jessé Souza: "Encontramo-nos num mundo comandado por um sindicato de ladrões na política, uma justiça de 'justiceiros' que os protege, uma elite de vampiros e uma sociedade condenada à miséria material e à pobreza espiritual. Esse golpe precisa ser compreendido por todos. Ele é o espelho do que nos tornamos".

Direi, como Martin Heidegger, prevendo a dramaticidade da inevitável crise da Modernidade: "Só um Deus nos poderá salvar"? Sem diminuir o valor da sentença deste filósofo da Floresta Negra, Marx talvez seja mais modesto e não menos verdadeiro: "Para cada problema há sempre uma solução".

Estamos mais e mais conscientes de que chegamos ao fechamento de um ciclo histórico. Assim como está, o país e o mundo não poderão continuar. Impõe-se, sim, uma reinvenção de um outro modo de habitar a Casa Comum e uma refundação de nosso Brasil, para que seja nosso e que faça um percurso construído soberanamente por nós. Esta será a proposta fundamental de nossas reflexões.

Há de surgir, assim esperamos, um novo *design social* que seja bom para todos. Então poderemos dizer que, não obstante as muitas crises e obstáculos, o Brasil, refundado sobre outras bases, tem e terá jeito.

Primeira parte
Precondições gerais para a refundação do Brasil

I

QUATRO LEITURAS DO BRASIL:
DE COLONIZADO NO PASSADO AO RECOLONIZADO NO PRESENTE

Para respondermos com certo realismo à questão de se o Brasil tem jeito e para fazermos a proposta de sua refundação, precisamos dar uma olhada em seu passado: indígena, colonial, escravocrata e republicano.

Pode-se considerar a história dos mais de 500 anos do Brasil a partir de quatro perspectivas principais: a partir da *praia*, onde estavam os indígenas na chegada dos portugueses; a partir das *caravelas* de Cabral e, em geral, dos europeus que aqui aportaram e ocuparam as terras; a partir do *colonizador* que aqui criou uma empresa internacionalizada, das maiores da época, e a partir do *Brasil-nação*, como resultado da miscigenação de raças e culturas que para cá vieram e aqui se encontraram e que, num processo histórico-social complexo, construíram bem ou mal o Brasil que temos.

1 O Brasil visto a partir da praia: a invasão

Visto a partir da praia, de onde estavam as populações originárias, a chegada dos portugueses significou uma invasão. Eles ocuparam as terras, submeteram os indígenas e construíram não uma nação autônoma, mas uma feitoria comercial, verdadeira empresa transnacional, e depois uma colônia para enriquecer a metrópole. O impacto foi tão grande, que significou a dizimação da população indígena até seu quase extermínio; um desastre de proporções inimagináveis. O "encontro predestinado de portugueses e indígenas", na exaltação dos indigenistas, é pura idealização sem fundamento histórico.

O assim chamado "descobrimento" equivale a um encobrimento e a um apagamento do outro, da história dos povos originários do Brasil e depois da África. Também não significou um "encontro" de culturas, como os conquistadores de outrora procuram escamotear a violência de sua invasão. O que de fato ocorreu foi um imenso desencontro, um verdadeiro choque de civilizações, com o submetimento completo dos indígenas e negros, mais fracos e vulneráveis.

O *Manifesto da Comissão Indígena 500 anos* (1999), expressando o clamor de 98 diferentes povos originários, denunciou com veemência: "Os conquistadores chegaram com fome de ouro e de sangue, empunhando em uma das mãos armas e na outra a cruz", para abençoar e recomendar as almas das vítimas. O lema era "Dilatar a fé e o império", mesmo que implicasse a erradicação dos povos originários e acumular riquezas com a abundância dos bens naturais, quase paradisíaca.

> O dia 22 de abril de 1500 [continua o documento] representa a origem de uma longa e dolorosa história [...]. Afirmamos nossa divergência clara e transparente com relação às comemorações

festivas do V centenário, por atentar e desrespeitar nossos antepassados, mortos em defesa de seus filhos, netos e gerações futuras [...] e por negarem nosso direito à vida como povos culturalmente diferenciados. [...] Pretendemos, sim, celebrar as conquistas ao longo dos séculos, plenas de heróis anônimos, que a história se nega a reconhecer. Celebramos, sim, as vitórias que nos custaram tantas vidas e sofrimentos, que, porém, trouxeram a determinação e a esperança de um mundo mais humano, de solidariedade. Celebraremos também o futuro, herdeiros que somos de um passado de valorização da vida, de ideais, de sonhos deixados por nossos antepassados. Apesar das desigualdades e injustiças, estamos cientes da importância de contribuir para a consolidação de uma humanidade livre e justa, na qual índios, negros e brancos vivam com dignidade (*Jornal do Brasil*, 31/05/1999).

O que poderíamos esperar dos portugueses que, durante quinze séculos, passaram pela educação cristã? Que, ao verem aqueles belos corpos na praia, espreitando, curiosos, a chegada das caravelas, exclamassem: "Que maravilha, que bom! Descobrimos mais irmãos e irmãs que antes não conhecíamos. Vamos abraçá-los e beijá-los como membros da grande família de Deus, representantes diferentes do corpo místico do Cristo".

Ao invés disso, depois do primeiro encantamento, chegaram a negar-lhes humanidade e, apesar de sua inocência e bondade natural, atestadas por todos os primeiros missionários, consideraram-nos faltos de salvação. E os subjugaram e os batizaram sob medo.

Alguma coisa falhou no processo de evangelização dos europeus, notadamente dos espanhóis e dos portugueses, que impediu que ocorresse verdadeiramente um encontro de pessoas e de culturas. O que houve foi uma negação pura e simples da alteridade e da reciprocidade.

A partir dessa perspectiva, os tempos passados oferecem pouco para celebrar e muito para lamentar. Mais do que uma celebração, os estados colonialistas e as elites dominantes deveriam promover um rito penitencial de desculpa e de pedido de perdão pelos flagelos infligidos aos que aqui estavam desde tempos imemoriais. Objetivamente, os mais de 500 anos de Brasil (?) recordam os 500 anos da cultura-mundo e da economia-mundo mercantilista, os inícios longínquos da globalização da história da humanidade, que chegou ao seu apogeu nos dias atuais. Em nossa perspectiva significa o começo da "destruição das Índias" (Bartolomé de las Casas), o início do genocídio indígena e o princípio da destruição de um dos mais belos e luxuriantes ecossistemas da Terra, a Mata Atlântica, que recobria um milhão de quilômetros quadrados ao longo do litoral brasileiro, restando hoje menos de 8% da floresta originária, pouco mais de 86 mil quilômetros quadrados.

2 O Brasil visto a partir das caravelas: o descobrimento/ encobrimento

Essa perspectiva, a dos portugueses, celebra a chegada deles como uma grande façanha: o descobrimento do Brasil. Este começou a existir, para eles, a partir de sua ocupação pelos europeus. Na ótica dessa leitura, antes era a fase da barbárie, superada pela introdução da civilização europeia. Na verdade, somos o filho não desejado de Portugal. Os navegadores buscavam alcançar as Índias e, por desvio de rota, chegaram às nossas terras e, sem querer, "descobriram" o Brasil.

Na perspectiva dos invasores, o Brasil representa parte do mundo ocidental (o Extremo Ocidente), participando de seu destino. Sem recordarem a violência que significou sua presença em terras brasileiras, eles têm a desfaçatez de ainda celebrar sua conquista e a reprodução de uma cultura-espelho nos trópicos que mimetiza e reproduz os padrões civilizatórios (e anticivilizatórios, acrescentamos nós) de seus centros metropolitanos, dos quais os fizeram dependentes e associados; que tanto podia ser Portugal e Espanha, depois a Inglaterra e a França quanto, nos dias atuais, são os Estados Unidos.

Abstraindo o lirismo da primeira carta-relato de Pero Vaz de Caminha, que o faz lembrar o paraíso terrenal, importa recordar os versos de nosso poeta maior, Carlos Drummond de Andrade, que numa frase disse tudo: "A civilização que sacrifica povos e culturas antiquíssimas é uma farsa amoral".

3 O Brasil visto a partir dos colonizadores: a empresa-Brasil

Outra visão é a dos colonizadores. Não vieram para fundar aqui uma sociedade, mas, à base do trabalho escravo e da superexploração da natureza, montaram uma grande empresa internacional, verdadeira agroindústria de madeira, de açúcar e fumo e, posteriormente, de ouro e prata; tudo destinado a abastecer a coroa portuguesa e o mercado mundial.

Essa é a tese defendida pelo mais novo e original intérprete de nossa formação histórico-social, Luiz Gonzaga de Souza Lima, com seu livro *A refundação do Brasil* – Rumo a uma civilização biocentrada, 2011.

A empresa-Brasil resultou da articulação entre reinos, igrejas e grandes companhias, como a das Índias Ocidentais, Orientais, a Holandesa (de Maurício de Nassau), com navegadores, mercadores, banqueiros; não esquecendo as vanguardas modernas, dotadas de espírito de aventura, buscando enriquecimento rápido.

Ocupada a terra, para cá foram trazidas matrizes (cana-de-açúcar e depois café) – tecnologias modernas para a época –, capitais e escravos africanos. Todos eram considerados "peças" a serem compradas no mercado e como carvão a ser consumido nos engenhos de açúcar. Com razão afirma Luiz Gonzaga de Souza Lima: "o resultado foi o surgimento de uma formação social original e desconhecida pela humanidade até aquele momento, criada unicamente para servir à economia. No Brasil nasceu o que se pode chamar de 'formação social empresarial'" (*A refundação do Brasil* – Rumo a uma civilização biocentrada, 2011).

A Modernidade, no sentido da utilização da razão instrumental-analítica, visando o poder como dominação da natureza e dos povos, nasceu no Brasil e na América Latina. O Brasil, nesse sentido, é novo e moderno desde suas origens.

A Europa só pôde fazer a sua revolução industrial – base de um novo poder e de forma de acumulação material, com seu direito e instituições modernas – porque foi sustentada pela rapinagem brutal feita nas colônias, como o Brasil, além do Peru, do México e do Caribe.

Com a independência política do Brasil, não se conseguiu diluir o caráter dependente e associado que resulta da natureza empresarial de nossa conformação social. A tendência do capital mundial global ainda hoje é tentar transformar nosso eventual futuro em nosso conhecido passado. O propósito é nos recolonizar. Ao Brasil, cabe ser o grande fornecedor de *commodities* para o mercado mundial, sem ou com parca tecnologia e valor agregado.

Pois é esse o projeto daqueles que deram o golpe parlamentar, jurídico e midiático de 2016, com uma agenda regressiva e antinacional, truncando um projeto de autonomia e soberania face às forças de dominação mundial. Eles aceitam esse papel subalterno e secundário do projeto-mundo, hegemonizado pelos Estados Unidos e seus aliados do Norte. O resultado desse tiro no pé foi expresso pelo ministro do STF, Luís Roberto Barroso: "Eis um cenário de devastação do Brasil".

4 O Brasil visto a partir do Brasil: a invenção

Apesar da vontade das elites dominantes que conseguiram, por um golpe de classe, ocupar o poder central e gestionar os destinos do país em submissão aos nossos antigos e novos colonizadores, criou-se aqui, ao longo de mais de cinco séculos, um experimento civilizacional singular. Raças vindas de todas as partes do mundo, tradições culturais e espirituais de várias procedências aqui se miscigenaram com grande espontaneidade e sem maiores preconceitos.

No dizer do historiador José Honório Rodrigues, "somos uma república mestiça, étnica e culturalmente. Não somos europeus nem latino-americanos. Somos tupinizados, africanizados, orientalizados e ocidentalizados. A síntese de tantas antíteses é o produto singular e original que é o Brasil atual" (*Brasil e África: outro horizonte*, 1982b: 14).

Desse caldo está surgindo uma nação inventada por nós mesmos com características singulares, que poderão ajudar na configuração diferenciada da sociedade mundial no século XXI.

Uma perversa contradição, entretanto, cinde o Brasil de cima abaixo: a injusta distribuição de renda. Por um lado, tínhamos, antes do golpe jurídico-parlamentar-classista de 2016, uma das economias mais dinâmicas do mundo – ficávamos atrás apenas dos oito grandes; por outro, apresentamos índices de miséria e de exclusão – portanto, de injustiça social, entre os maiores do mundo. Sendo um país continental e de infraestrutura industrial desenvolvida, o perfil da distribuição de renda é o dos pequenos países como a Guatemala, Honduras ou Serra Leoa. Segundo relatório do Banco Mundial, o Brasil é o país com o maior grau de concentração de renda do mundo. Os 10% mais ricos têm quase a metade da renda (48%), e os 20% mais pobres detêm apenas 2%. Nosso 1% dos mais ricos é mais aquinhoado proporcionalmente do que o 1% mais rico dos Estados Unidos e da Inglaterra. Segundo dados do Ipea de 2016, é apenas 0,05% da população que ostenta esta escandalosa opulência.

Esses índices se deterioraram a partir da grande crise do sistema neoliberal em 2007-2008, já que nossa economia está e estava vinculada ao sistema econômico-financeiro globalizado.

O Brasil tem tudo para dar certo como nação, com projeto autônomo e articulado ao processo de planetização; a história do século XX o demonstrou. Nos anos de 1920, éramos um país agrícola, com 70% da população morando no campo e apenas 30% nas cidades. Nos anos de 1990, 70% da população residia nas cidades e 30% no campo. No ano de 2015, 83% estão nas cidades.

O crescimento foi fantástico, fazendo do Brasil o país com melhor base industrial do Terceiro Mundo, com capacidade empresarial, condições técnicas, conhecimento e meios para enfrentar novos desafios.

Depois desses séculos e no meio de uma das mais graves crises de nossa história, que Brasil queremos? Que condições temos para reconstruí-lo? Sob que paradigma fazê-lo? – As reflexões aqui propostas não são sobre conjuntura, mas sobre os fundamentos e sobre as precondições para um projeto de refundação do Brasil. Queremos reforçar e prolongar a terceira leitura dos últimos cinco séculos, a refundação do Brasil. Negamo-nos a prolongar a dependência colonial e neocolonial, como os poderes dominantes internos e externos pretendem, condenando-nos. Deve-se fazer triunfar a reinvenção tão ansiada.

II
Quatro nós górdios que dificultam a refundação do Brasil

Conta uma lenda antiga que um camponês, de nome Górdio, foi proclamado rei na província mais longínqua do Império Romano, a Frígia. Chegou com seu carro de bois. Para honrar sua origem humilde, colocou seu carro no templo de Zeus. Amarrou-o com grossas cordas, muito fortemente, e com nós a uma coluna, de sorte que ninguém o podia desamarrar.

Muito tempo depois chegou àquelas paragens Alexandre Magno e soube do nó de Górdio. Olhou atentamente o nó ao redor da coluna. Tirou a sua espada e num golpe cortou o nó. Aquilo que parecia impossível foi facilmente resolvido com a inteligência e a ousadia de um conquistador.

A expressão "nó górdio" entrou na linguagem para expressar um problema que parece insolúvel, mas que, usando a inteligência e coragem criativa, pode ser resolvido.

No Brasil, temos quatro nós górdios a desatar. Sem sua resolução ficaremos sempre atados a uma coluna, erigida pelos poderes imperiais e mundiais que nos tolhem a criatividade e impedem a refundação do Brasil.

1 O primeiro nó górdio: o genocídio indígena

Os indígenas eram mais de 4 milhões. Os massacres de Mem de Sá, em 31 de maio de 1580, liquidaram com os Tupiniquim da Capitania de Ilhéus e deixaram centenas de cadáveres estendidos na praia, por mais de um quilômetro. Pior ainda foi a guerra declarada oficialmente por Dom João VI, em 13 de maio de 1808, que dizimou os Botocudo (Krenak) no Vale do Rio Doce. Alguns se esconderam na mata e refizeram a nação indígena. – Ailton Krenak, filho de sobreviventes, é uma das mais inteligentes lideranças indígenas. Mas essa guerra da covardia e da vergonha manchará para sempre a memória nacional.

Consequência: temos dificuldade em conviver com o diferente, entendendo-o como desigual. O índio ainda não é considerado plenamente "gente". Por isso, suas terras são tomadas pelo avanço do agronegócio e muitos são assassinados. Diante disso, chegam a cometer suicídio. Há uma tradição de intolerância e desprezo pelas nações indígenas.

2 O segundo nó górdio: o passado colonial

Todo processo colonialista é violento. Implica invadir terras, submeter os povos, obrigá-los a falar a língua do invasor, assumir as formas políticas do outro e submeter-se totalmente a ele. As consequências no inconsciente coletivo do povo dominado são: sempre baixar a cabeça e ser levado a pensar que somente o estrangeiro é bom. Desenvolveu-se o "complexo de vira-lata", não crendo nas próprias forças e tentando imitar os modelos vindos dos países ricos, considerados os definidores dos destinos do mundo. A nós caberia nos afiliar a eles como força dependente e agregada. Dessa forma, criaram-se obstáculos para a construção de uma identidade própria e um projeto de nação autônoma e soberana que tem algo a oferecer para o devir da humanidade.

3 O terceiro nó górdio: a escravidão

Esse é o mais nefasto de todos os nós górdios. Em torno de 4-5 milhões de africanos foram trazidos para cá como "peças" a serem negociadas no mercado e servirem nos engenhos como escravos trabalhadores ou nas cidades como escravos domésticos. Negamos-lhes humanidade, foram proibidos de constituir família, e seus filhos foram vendidos como escravos para ficarem longe das mães e perderem todo e qualquer laço familiar.

Seus lamentos sob a chibata chegam ainda hoje ao céu. Criaram-se as instituições da casa grande e da senzala. Gilberto Freyre deixou claro que não se trata apenas de uma formação social patriarcal, mas de uma estrutura mental que penetrou nos comportamentos das classes senhoriais e depois dominantes. Eles perduram até hoje nas classes abastadas, que costumam, para salvaguardar privilégios, dar golpes na democracia e segurar o povo na condição de senzala: simples servidores como empregados domésticos ou como trabalhadores na construção civil e outros trabalhos, malpagos; na marginalidade, que é seu lugar adequado.

Consequência: não precisamos respeitar o outro; ele está aí para nos servir. Se lhe pagamos o salário é porque a lei trabalhista nos obriga; mas, no fundo, não é tido como direito, pois escravos sempre trabalharam de graça. Os descentes da casa grande roubam o tempo dos de baixo (negros, pobres, marginalizados). Ganham com sua exploração, ampliando seu próprio capital social e cultural (com cursos de idiomas e pós-graduação, viagens ao exterior) e condenando os filhos e filhas da escravidão e da pobreza à pura reprodução biológica de sua miséria.

O sociólogo Jessé Souza mostrou em sua obra sobre a formação da sociedade brasileira que as origens de nossa sociedade atual, mais do que do colonialismo, é dependente do regime de escravidão (*A elite do atraso* – Da escravidão à Lava Jato, 2017). O ódio e o desprezo dos pobres e marginalizados, especialmente dos negros e mestiços, encontram na escravidão suas últimas raízes. Não basta manter os descendentes de escravos nas favelas e nas periferias. Importa humilhá-los e considerá-los desprezíveis, joões-ninguém, carvão para o processo de produção. Esse ódio, lamentavelmente, foi ressuscitado nos últimos anos no contexto do golpe parlamentar que cortou os benefícios que os governos de Lula e Dilma, e aliados, os haviam, por justiça social, contemplado.

Predominou o autoritarismo e a crueldade; o privilégio substituiu o direito. Criou-se, politicamente, um Estado para servir aos interesses das classes senhoriais, herdeiras do colonialismo e do escravagismo, e não ao bem de todos, como também de uma complicada burocracia que afasta o povo.

Raymundo Faoro (*Os donos do poder*, 1958), o historiador e acadêmico José Honório Rodrigues (*Conciliação e reforma no Brasil*, 1982a) e especialmente Jessé Souza (*A elite do atraso* – Da escravidão à Lava Jato, 2017) nos têm narrado a violência com que o povo foi tratado para estabelecer o Estado nacional, fruto da conciliação entre as classes opulentas e sempre com a exclusão intencionada do povo. Algo semelhante está sendo instituído por aqueles que deram o golpe de classe em 2016: mudam a Constituição sem terem sido eleitos para tanto, fazem reformas contra os direitos trabalhistas e dos aposentados sem qualquer discussão com a sociedade, entre outras medidas antipopulares e antinacionais.

Assim surgiu uma nação profundamente dividida entre poucos ricos e grandes maiorias pobres, um dos países mais desiguais do mundo; o que significa um país cheio de injustiças sociais e de muita violência.

Uma sociedade montada sobre a injustiça social nunca criará uma coesão interna que lhe permitirá um salto rumo a formas mais civilizadas de convivência. Aqui sempre imperou um capitalismo selvagem que nunca conseguiu ser civilizado.

Não obstante, depois de muitas dificuldades e derrotas, conseguiu-se um avanço: a irrupção de todo tipo de movimentos sociais que se articularam e articulam entre si. Nasceu uma força social poderosa que desembocou numa força político-partidária. O Partido dos Trabalhadores (PT) e outros afins nasceram desse esforço titânico – sempre vigiados, satanizados, perseguidos e alguns presos e mortos. Nos dias atuais de funcionamento raivoso da Lava Jato, seu líder principal, Luiz Inácio Lula da Silva, é vítima de sistemática satanização pela mídia empresarial e perseguido, com o uso da *lawfare*, por um judiciário parcial que quer condená-lo a todo custo para torná-lo inelegível.

A coligação de partidos hegemonizados pelo PT conseguiu chegar ao poder central. Fez-se o que nunca foi pensado e feito antes: conferir centralidade ao pobre e ao marginalizado. Em função deles se organizaram, como cunhas no sistema dominante, políticas sociais e educacionais que permitiram a milhões saírem da miséria e terem os benefícios mínimos da cidadania e da dignidade.

4 O quarto nó górdio: o patrimonialismo e a corrupção

Esse nó dissimulado implica que os grupos dominantes se apoderem dos bens públicos, tratando-os como patrimônio privado (daí patrimonialismo); ocupem aparelhos do Estado; controlem grandes projetos, negociando-os com empresas privadas e cobrando propinas, seja pela mediação ou pelo superfaturamento.

Corrupção sempre houve entre nós, em todas as esferas. Negá-lo seria hipocrisia; basta lembrar os discursos contundentes e memoráveis de Ruy Barbosa no Parlamento. Alguns setores importantes do PT deixaram-se morder pela mosca azul do poder e se corromperam. Isso jamais poderia ter acontecido, dado os propósitos iniciais do partido: manter alta e intocável a bandeira da ética pública. Denunciados e julgados, logicamente devem ser exemplarmente punidos.

Inicialmente a justiça focou-se quase só neles e mostrou-se muitas vezes parcial e com clara vontade persecutória. Os vazamentos ilegais – permitidos pelo juiz federal de primeira instância, Sérgio Moro, assistido por sua rigorosa e também vaidosa equipe de promotores – forneceram munição à imprensa empresarial, conservadora e cúmplice do golpe parlamentar. Os grupos que sempre dominaram a cena política e que montaram o golpe parlamentar para apear do poder uma presidenta democraticamente eleita, Dilma Rousseff, aproveitaram a onda odiosa e instauraram um rigoroso plano ultraneoliberal de privatizações, modificações na constituição, em prejuízo dos trabalhadores e dos aposentados, dos indígenas, dos quilombolas, da educação e da saúde. Estes conseguiram mobilizar multidões, apoiando o impedimento da Presidenta Dilma, batendo suas panelas, mesmo sem suficiente fundamento legal, como afirmaram notáveis juristas.

Não obstante alguns equívocos, erros e a erosão da ética por parte de alguns grupos importantes do PT, a causa que defende será sempre válida: fazer uma política integradora dos excluídos, diminuir a perversa desigualdade social e humanizar nossas relações sociais para tornar a nossa sociedade menos malvada, mais justa e digna.

III
O BRASIL NO PROCESSO DE PLANETIZAÇÃO

Não se pode pensar o Brasil só a partir do Brasil. Ele deve ser compreendido no arco do grande processo de planetização/globalização que celeremente está ocorrendo nos tempos atuais. É a nova fase da Terra-Gaia e da humanidade.

Inegavelmente há uma forte confrontação com o processo de globalização, exacerbado pelo presidente dos Estados Unidos Donald Trump, que reforçou fortemente "a América em primeiro lugar"; melhor dito, "só a América". Move-se uma forte pressão sobre as corporações norte-americanas fora dos Estados Unidos em favor das situadas dentro dos Estados Unidos. Quer trazê-las de volta.

1 O que significa planetização/globalização

Importa entender que não se trata de recusa a um fato inegável: a unificação da espécie humana na única Casa Comum, mas de uma luta política contra os grandes conglomerados econômico-financeiros que controlam grande parte da riqueza mundial e que estão nas mãos de um número reduzidíssimo de pessoas. Segundo Joseph Stiglitz, Prêmio Nobel de Economia, isso totaliza 1% de bilhardários contra 99% de dependentes e empobrecidos.

Esse tipo de globalização é de natureza econômico-financeira dinossáurica, a idade de ferro da globalização, no dizer de Edgar Morin. Mas a globalização é mais do que a econômica; trata-se de um processo irreversível, uma nova etapa da evolução da Terra. Vista da Lua ou das naves espaciais, fica claro que a Terra e a humanidade formam uma única entidade complexa. Não existe esta divisão: de um lado está a humanidade e do outro a Terra, mas ambas formam uma unidade única e complexa. Não estamos apenas sobre a Terra, mas fazemos parte dela; somos Terra que sente, pensa, ama e cuida.

Impactantes são os testemunhos dos astronautas norte-americanos a partir de suas naves. Por ocasião da quinta viagem à Lua, no dia 16 de abril de 1972, um deles testemunhou:

> Lá embaixo está a Terra, este planeta azul-branco, belíssimo, resplandecente, nossa *pátria humana*. Daqui da Lua eu o seguro na palma de minha mão. E desta perspectiva não há nela brancos ou negros, divisões entre Leste e Oeste, comunistas e capitalistas, Norte e Sul. Todos formamos uma única Terra. Temos de aprender a amar este planeta do qual somos parte (WHITE, F. *The Overview Effect*, 1987: p. 11).

2 O desafio de construir a Terra

A partir dessa experiência, soam proféticas e sugestivas as palavras de Pierre Teilhard de Chardin, ainda em 1933, estando na China: "A idade das nações passou. Se não quisermos morrer, é hora de sacudirmos os velhos preconceitos e *construir a Terra*.

A Terra não se tornará consciente de si mesma por nenhum outro meio senão pela crise de conversão e de transformação". Essa crise se instalou em nossas mentes: somos agora responsáveis pela única Casa Comum que temos. Ao inventarmos os meios de nossa própria autodestruição, aumentou ainda mais nossa responsabilidade pelo todo do planeta.

Se bem-repararmos, essa consciência irrompeu já nos albores do século XVI, precisamente em 1520, quando Fernão de Magalhães fez pela primeira vez o périplo ao redor do globo terrestre, a circum-navegação, comprovando empiricamente que a Terra é de fato redonda e podemos alcançá-la a partir de qualquer ponto de onde estivermos.

Inicialmente, a globalização realizou-se na forma de ocidentalização do mundo. A Europa deu início à aventura colonialista e imperialista de conquista e dominação de todas as terras descobertas e por descobrir, postas a serviço dos interesses europeus corporificados na vontade de poder que podemos traduzir como vontade de enriquecimento ilimitado, de imposição da cultura branca, de suas formas políticas e de sua religião cristã. Essa conquista se fez com muita violência, com genocídios, etnocídios e ecocídios.

Ela significou, para a maioria dos povos, um trauma e uma tragédia, cujas consequências se fazem sentir até os dias de hoje; também entre nós, que fomos colonizados, que introduzimos a escravidão e nos rendemos às grandes potências imperialistas.

Hoje temos de resgatar o sentido positivo e irrenunciável da planetização, palavra melhor que globalização, devido à sua conotação econômica. A ONU, no dia 22 de abril de 2009, oficializou a nomenclatura *Mãe Terra*, para dar-lhe um sentido *vivo*, pois ela deve ser respeitada e venerada, como o fazemos com nossas mães. A *Carta da Terra* (2000) e posteriormente o Papa Francisco, em sua

Encíclica *Laudato Si'* – Sobre o cuidado da Casa Comum (2015), oficializaram a expressão *Casa Comum*, para mostrar a profunda unidade da espécie humana habitando num mesmo espaço.

Esse processo é um salto para frente na geogênese e na antropogênese. Não podemos retroceder e nos fechar, como pretende Trump, em nossos limites nacionais, com uma consciência estreita e alienada dos processos reais em curso. Temos que nos adequar a esse novo passo que a Terra e a humanidade deram; Terra essa entendida como um superorganismo vivo, segundo a tese de Gaia, formulada por James Lovelock e sua equipe.

Nós somos o momento de consciência e de inteligência da Terra. Por isso, somos a Terra que sente, pensa, ama, cuida e venera. Somos os únicos entre os seres da natureza cuja missão ética é cuidar dessa herança bem-aventurada, fazendo-a um lar habitável para nós e para toda a comunidade de vida.

Não estamos correspondendo a esse chamado da própria Terra. Por isso, temos de despertar e assumir essa nobre missão de construir a planetização, em colaboração com os demais países e em consonância com os ritmos do processo cosmogênico em curso. Releva enfatizar que não podemos reduzir a planetização apenas à economia, mas a um processo em curso que recobre todas as áreas, constituindo efetivamente uma nova era do Planeta Terra.

IV
A GEOPOLÍTICA DA NOVA GUERRA FRIA E A CRISE BRASILEIRA

As reflexões anteriores nos deram a percepção clara de que estamos no coração de uma incomensurável crise sistêmica. Mais e mais nos damos conta de que assim como está o mundo não pode continuar. Ele tem de mudar para ainda poder garantir um futuro de esperança.

Hoje, no Brasil, encontramo-nos mergulhados numa situação de caos político-social, especialmente após o injustificável *impeachment* da Presidenta Dilma Rousseff, com os efeitos maléficos que se seguiram em todos os campos, penalizando os mais vulneráveis.

1 A crise como processo de acrisolamento

Como nos ensinam os cosmólogos, o caos está intimamente ligado a uma situação de crise. Ele não é necessariamente caótico; pode ser gerador de uma nova ordem. O atual caos, ou crise, não é apenas conjuntural, mas estrutural e sistêmico, pois abala nosso sentido de viver juntos na única Casa Comum, a Terra. Pode representar uma *tragédia* com um desfecho devastador, como é classicamente elaborado no teatro grego, ou um *drama* cujo termo pode ser "bem-aventurado", como se expressa na liturgia cristã da Semana Santa, na qual a paixão é sucedida pela ressurreição.

Depende de nós e de nossa capacidade de decidir, se o caos ou a crise serão uma coisa ou outra. Mas cresce a consciência de que nos acercamos do momento em que temos de decidir; caso contrário, a crise não poderá mais ser apenas um drama, mas virar uma tragédia coletiva.

Corajosamente, a *Carta da Terra* é aberta com esta advertência severa: "Estamos diante de um momento crítico da história da Terra, numa época em que a humanidade deve escolher o seu futuro. [...]. A escolha é esta: ou formar uma aliança global para cuidar da Terra e uns dos outros, ou arriscar a nossa destruição e a da diversidade da vida" (Preâmbulo, n. 1). Esta advertência praticamente não é tomada a sério pelos que decidem os destinos dos povos.

Retenhamos a expressão crise e tentemos um aprofundamento construtivo.

Desde o advento do existencialismo, especialmente com Søren Kierkegaard, a vida vem entendida como processo permanente de crises e de superação delas. Ortega y Gasset mostrou, num famoso ensaio de 1942, que a história, por causa de suas rupturas e retomadas, possui a estrutura da crise. Esta obedece à seguinte lógica:

1) A ordem dominante deixa de realizar um sentido convincente.

2) Começa a crítica e a percepção de que um muro se levanta à nossa frente. Por isso reinam dúvida e ceticismo.

3) Urge uma decisão que cria novas certezas e um outro sentido. Mas como decidir se não se vê claro? Entretanto,

a decisão é imperativa, pois, sem ela, não haverá saída para a crise.

4) Tomada a decisão, mesmo sob risco. Abre-se, então, novo caminho e outro espaço para a liberdade. Superou-se a crise; uma nova ordem começa.

Conclusão: a crise representa risco e oportunidade, segundo o diagrama chinês. É purificação e amadurecimento. Na língua originária, o sânscrito, matriz de quase todas as línguas ocidentais, crise se derivada *kir* ou *kri*, que significa purificar e limpar. De *kri* vem *crisol*, cadinho com o qual limpamos o ouro das gangas, e *acrisolar*, que quer dizer depurar e limpar.

Então, a crise representa um processo *crítico*, de depuração do cerne: só o verdadeiro e substancial resiste e permanece; o acidental e agregado desaparece. A partir do cerne se constrói uma outra ordem.

Mas todo processo de purificação não se faz sem cortes e rupturas. Tudo o que é acessório se torna insustentável até deixar o cerne limpo e livre para uma outra configuração. Para isso, no entanto, é indispensável uma "de-cisão", que opera uma cisão com o anterior e inaugura o novo.

Aqui nos pode ajudar o seu sentido grego (*krisis*), que significa a decisão tomada por um juiz ou um médico. O juiz pesa e sopesa os prós e os contras, e o médico conjuga os vários sintomas; só depois, ambos tomam a decisão pelo tipo de sentença ou pela cura da doença. Esse processo decisório é chamado crise.

Ela foi largamente mencionada durante a história: o Evangelho de São João usa 30 vezes a palavra crise no sentido de decisão; Jesus apresenta "a crise do mundo", obrigando as pessoas a se decidirem; bem sentenciou Platão em meio à crise da cultura grega: "As coisas grandes só acontecem no turbilhão (caos)" – frase usada por Martin Heidegger ao encerrar seu discurso de posse como reitor da Universidade de Friburgo, em 1933.

O Brasil está colocado numa situação de crise, como talvez nunca antes em sua história. Urge tomar decisões que rompam com o passado perverso. Não é mais possível fazer conciliações de classe; fórmula histórica pela qual as elites se acertavam entre si para manter o poder e excluir o povo e os milhões que sobraram do processo escravagista.

O PT se propunha realizar essa missão histórica de inaugurar uma ruptura instauradora em benefício dos esquecidos e dos feitos invisíveis. Porém, a velha política do presidencialismo de coalizão, que propiciou negociatas e corrupção, fez perder essa bandeira da ética.

Ainda podemos resgatar a esperança aí contida à nossa geração, que teve de suportar um golpe parlamentar jurídico e midiático? Uma vez mais, renovou-se a velha fórmula da conciliação das classes endinheiradas para continuarem a manter a lógica de sua acumulação à custa da continuada exploração das grandes maiorias populares.

Antes de qualquer resposta, importa considerar um fato novo, pouco incluído pelos analistas da crise brasileira: a nossa inserção no jogo geopolítico mundial.

2 A nova Guerra Fria: Estados Unidos X China, e o Brasil

O problema fundamental da crise brasileira não reside somente na corrupção que é endêmica e até recentemente era tolerada pelas instâncias oficiais, porque dela se beneficiavam. Se fossem resgatados os milhões e milhões de reais que anualmente os grandes bancos, os fundos de investimento, as grandes fortunas e as empresas deixam de recolher ao INSS, tornaria supérflua uma reforma da Previdência e haveria fundos para a saúde, a educação, a cultura e a inovação tecnológica. Em 2017, a CPI do Senado sobre a Sonegação Fiscal mostrou que mais de 500 bilhões de reais foram sonegados pelas grandes empresas ao INSS.

Na perspectiva sistêmica o problema principal vai além de Lula, de Dilma e do presidente de fato, Michel Temer. O centro da questão é a nova Guerra Fria entre Estados Unidos e China, como é detalhadamente estudado pelo nosso melhor analista de política internacional, falecido em 10 de novembro de 2017, Luiz Alberto Moniz Bandeira, em seu volumoso livro *A desordem mundial* (2015). Bem como por Luis Nassif e outros no Brasil e por Noam Chomsky, o mais importante crítico da política externa dos governos dos Estados Unidos.

A questão é: Quem vai controlar a sétima economia do mundo, situada no Atlântico Sul e voltada para a África? Como alinhá-la à lógica do Império Norte-americano, impedindo a penetração da China nos países latino-americanos, e especialmente no Brasil, pois ela pertence ao Brics (coligação do Brasil, da Rússia, da Índia, da China e da África do Sul), poderoso concorrente comercial dos Estados Unidos. A China precisa manter seu crescimento com recursos naturais que nós possuímos em abundância.

Essa estratégia de alinhamento do Brasil aos interesses imperiais dos Estados Unidos começou a ser implementada com a Lava Jato e seu Juiz Sérgio Moro, com sua *entourage* de promotores, vários preparados nos Estados Unidos. Prosseguiu com o *impeachment* da Presidenta Dilma via parlamento, incorporou setores do Ministério Público, da Polícia Federal, parte do STF e dos partidos conservadores, claramente neoliberais e ligados ao mercado, e especialmente a mídia empresarial, historicamente ligada a golpes de Estado e à manutenção do *status quo* capitalista.

Todas essas instâncias serviram e servem de força auxiliar ao projeto maior do Império Norte-americano. Com uma vantagem: esse submetimento vem ao encontro dos propósitos dos herdeiros da casa grande, que jamais toleraram que alguém da senzala ou filho da pobreza chegasse à presidência e inaugurasse políticas sociais de inclusão das classes subalternas, capazes de pôr em xeque seus privilégios. Eles preferem estar seguros ao lado dos Estados Unidos, como sócios menores e agregados, do que aceitar transformações da situação, desfavorável a eles.

Para os Estados Unidos, o Brasil é um espaço no Atlântico Sul a descoberto. Não pode continuar assim, pois consoante a uma das ideias-força do Pentágono: *full spectrum dominance* (dominação de todo espectro territorial), o Brasil deve estar sob controle. Daí a presença da quinta frota próxima a nossas águas territoriais e ao pré-sal. A visão imperial e belicista se expressa pelas 800 bases militares espalhadas pelo mundo afora; várias delas na América Latina, e recentemente no Brasil com a cessão da estação espacial de Alcântara.

A China, em contrapartida, segue outra estratégia: escolheu o caminho econômico, e não o belicista. Por aí, pensa ter chances de configurar a seu estilo todo o processo de planetização no quadro do "socialismo de estilo chinês", como atualmente os seus dirigentes se expressam, O grande projeto da Eurásia, "O caminho da Seda", que envolve 56 países com um orçamento de ajuda ao desenvolvimento de 26 trilhões de dólares, faz com que marque sua presença também no Brasil e na América Latina.

Nesse jogo de titãs, a estratégia norte-americana conta no Brasil com fortes aliados: os que perpetraram o golpe parlamentar, jurídico e midiático contra Dilma. Estão impondo um neoliberalismo mais radical do que nos países centrais. Ele implica liquidar politicamente com a liderança popular de Lula mediante vários processos movidos contra ele pelo Juiz Sérgio Moro, da Lava-Jato, que decide mais por convicção do que pelo conteúdo dos autos, utilizando-se despudoradamente da *lawfare*, vale dizer: usar interpretações inusitadas da lei para enquadrar e eventualmente condenar o imputado.

Os principais agentes da Lava Jato seguem o figurino imperial imposto. Por isso, Moro se viu obrigado a condenar Lula, mesmo sem base jurídica suficiente, como o tem revelado eminentes juristas do quilate de Dalmo Dalari, de Fábio Konder Comparato, de Bandeira de Mello e, por outra via, como o fez, o grande analista político Moniz Bandeira.

Em termos gerais, para os Estados Unidos, trata-se de impedir que governos progressistas cheguem ao poder com um projeto de soberania e com políticas sociais que venham a reforçar um novo sujeito político, vindo debaixo, das periferias e pressionando o centro. Essas políticas implicam a inclusão de milhões na sociedade, antes comandada por classes retrógradas, excludentes e inimigas de qualquer avanço que venha a ameaçar seus privilégios.

Precisamos ter clareza: partidos com projetos claramente neoliberais, que colocam todo valor no mercado e todos os vícios no Estado a ser reduzido, como tem mostrado com vigor Jessé Souza em sua obra sobre este tema e que freiam até com violência a ascensão das classes subalternas, são representantes associados a essa estratégia imperial norte-americana e contra a China. O Brasil, por suas dimensões e peso geopolítico e ecológico, está envolvido nessa trama – para nós, no fundo, antipovo e antinacional.

Às nossas oligarquias não interessa um projeto de nação soberana com um governo que, com políticas sociais, diminua a nefasta desigualdade social (injustiça social) e que aproveite nossas virtualidades, seja da riqueza ecológica, da criatividade do povo e da posição geopoliticamente estratégica. Basta-lhes ser aliados associados ao Império Norte-americano (e seu aliado submisso, a Comunidade Europeia), pois assim veem garantidos seus privilégios e salvaguardada a natureza de sua acumulação absurdamente concentradora e antissocial. Daí que ter Lula novamente como presidente seria a maior desgraça para o projeto imperial e aos oligopólios nacionais internacionalizados.

Essa é a real luta que se trava por debaixo das lutas político-partidárias, do combate à corrupção e à punição de corruptos e corruptores. Esta é importante, mas não acaba em si mesma. Não podemos ser ingênuos; importa ter claro que ela se ordena ao alinhamento do Império Norte-americano, de costas ao povo, negando-lhe o direito de construir o seu próprio caminho e de, com outros, dar uma feição menos malvada à planetização, impondo limites ao grande capital em escala mundial.

Esse dado geopolítico não pode ser descurado quando pensamos num projeto de refundação do Brasil, de nação soberana e aberta às dimensões do mundo.

Segunda parte
Suposições gerais para uma refundação do Brasil

ved # I
A CORRUPÇÃO, MAL ENDÊMICO DA POLÍTICA BRASILEIRA

Com a Lava Jato se desmascarou, pela primeira vez, a cultura da corrupção que todos sabiam que grassava pelo país em todas as fases e em todas as instâncias da República. Ela ganhou, nos últimos anos, dimensões gigantescas, nunca imaginadas antes, envolvendo a cabeça e os membros, como se dizia da corrupção da Igreja na Renascença, o que provocou a indignação de muitos cristãos, até culminar com a Reforma Protestante encabeçada por Martinho Lutero.

Aqui ela se realizou no governo, nas instituições oficiais, nas grandes empresas estatais e privadas e especialmente na classe política. Foi então que a corrupção se revelou como um mal endêmico e naturalizado.

1 O conceito de corrupção: sua origem histórico-social

Segundo a Transparência Internacional, o Brasil comparece como um dos países mais corruptos do mundo. Em 91 analisados, ocupa o 69° lugar. Aqui a corrupção é histórica, foi naturalizada;

vale dizer, considerada como um dado natural, é atacada só posteriormente, quando já ocorreu e atingiu muitos milhões de reais, e goza de ampla impunidade. Os dados são estarrecedores: segundo a Fiesp (Federação das Indústrias de São Paulo), anualmente ela representa 84,5 bilhões de reais. Se esse montante fosse aplicado na saúde, seriam acrescentados 89% o número de leitos nos hospitais; na educação poderiam ser abertas 16 milhões de vagas nas escolas; na construção civil poderia ser construído 1,5 milhão de casas.

Só estes dados denunciam a gravidade do crime contra a sociedade devido à corrupção. Se vivessem na China, muitos corruptos acabariam na forca por crime contra a economia popular. Todos os dias, mais e mais fatos são denunciados, como por exemplo o do contraventor Carlinhos Cachoeira que, para garantir seus negócios, infiltrou-se corrompendo gente do mundo político, policial e até governamental. Mas não adianta rir nem chorar; importa compreender esse perverso processo criminoso.

Comecemos com a palavra *corrupção*. Ela tem sua origem na teologia. Antes de se falar em pecado original – expressão que não consta na Bíblia, mas foi criada por Santo Agostinho (354-430), bispo de Hipona, hoje Argélia, no ano 416, numa troca de cartas com São Jerônimo (ele em Belém, traduzindo a Bíblia do hebraico e do grego para o latim) – a tradição cristã dizia que o ser humano vive numa situação de *corrupção*.

Santo Agostinho explica a etimologia: corrupção é ter um coração (*cor*) rompido (*ruptus*) e pervertido. Cita o Gênesis: "a tendência do coração é desviante desde a mais tenra idade" (Gn 8,21). O filósofo Kant fez constatação semelhante ao dizer: "Somos um lenho torto do qual não se podem tirar tábuas retas".

Em outras palavras: há uma força do negativo em nós que nos incita ao desvio, que é a corrupção. Ela não é fatal; pode ser controlada e superada, senão segue sua tendência.

2 As raízes da corrupção no Brasil

Como se explica a corrupção no Brasil? Identifico, com outros analistas, três razões básicas, entre outras: a histórica, a política e a cultural.

1) Razão histórica – Somos herdeiros de uma perversa herança colonial e escravocrata que marcou nossos hábitos. A colonização e a escravatura são instituições objetivamente violentas e desumanas. Então as pessoas, para sobreviverem e guardarem uma dignidade mínima, eram levadas a corromper. Quer dizer: subornar, conseguir favores mediante trocas, peculato (favorecimento ilícito com dinheiro público) ou nepotismo. Essa prática deu origem ao jeitinho brasileiro, uma forma de navegação dentro de uma sociedade desigual e injusta e também à assim chamada "Lei de Gerson", que é tirar vantagem pessoal de tudo.

A bem da verdade, precisamos reconhecer que no Brasil a maior corrupção de nossa história é o fato de as oligarquias haverem mantido grande parte da população, durante mais de 500 anos, na marginalidade e terem empreendido um processo de acumulação de riqueza dos mais altos do mundo, a ponto de um número reduzido de famílias controlar grande parte da renda nacional.

Vigora a corrupção sistemática em termos de sonegação de impostos e das contribuições ao INSS. O Sindicato Nacional dos Procuradores da Fazenda Nacional, em seu "Sonegômetro", denunciou que em 2015, somente em cinco meses houve, uma sonegação de 200 bilhões de reais (LASSANCE, A. *Carta Maior*, 02/05/2015). Para 2016 estimou-se que 500 bilhões foram sonegados. Nos primeiros meses de 2017, segundo as mesmas fontes, já seriam 158 bilhões. Isso é muito mais do que o "Petrolão" em apenas 5 meses (cf. PERNÍAS, T.R. *Brasil Debate*, 25/04/2017).

É evidente que o combate à sonegação seria uma alternativa viável às políticas de austeridade econômica, dispensando especialmente a reforma da Previdência.

Atrás desses dados se escondem os grandes corruptores e corruptos que procuram sempre se esconder e apresentam pouca visibilidade social.

2) Razão política – A base da corrupção política reside no arraigado patrimonialismo, na indigente democracia e no capitalismo sem regras. No patrimonialismo não se distingue a esfera pública da privada. As elites trataram a coisa pública como se fosse sua e organizaram o Estado com estruturas e leis que servissem a seus interesses, sem pensar no bem comum das grandes maiorias; em geral, empobrecidas.

Há um neopatrimonialismo na atual política, que dá vantagens (concessões, meios de comunicação) a apaniguados políticos e a grandes empresas que, mediante milionárias propinas, conseguem projetos do governo; alguns faraônicos.

Importa reconhecer que o capitalismo (como modo de produção e como cultura), aqui e no mundo, é, em sua lógica, corrupto; embora aceito socialmente. Ele simplesmente impõe a dominação do capital sobre o trabalho, criando riqueza com a exploração do trabalhador e com a devastação da natureza, sem levar em conta as externalidades: poluição do ar, das águas, deflorestação, contaminação dos solos por agentes químicos... coisas que não entram na contabilidade das empresas e é deixada à responsabilidade do Estado. Esse modo de produção gera desigualdades sociais que, eticamente, são injustiças; o que origina permanentes conflitos de classe. O capitalismo instalado no Brasil é selvagem e nunca passou por um processo civilizatório ou de humanização.

Por isso, o capitalismo é por natureza antidemocrático, pois a democracia supõe uma igualdade básica dos cidadãos e direitos garantidos, aqui violados pela cultura capitalista e participação dos cidadãos. Se tomarmos tais valores como critérios, devemos dizer que nossa democracia é anêmica, beirando à hipocrisia. Querendo ser representativa dos eleitores, na verdade representa os interesses das elites dominantes e daqueles que financiaram suas campanhas eleitorais, e não os interesses gerais da nação.

Isso significa que não temos um Estado Democrático de Direito consolidado, e muito menos um Estado de Bem-estar Social. Essa situação configura uma corrupção já estruturada e faz com que ações corruptas campeiem livre e impunemente. Sempre contando com a impunidade geral.

3) *Razão cultural* – A cultura dita regras socialmente reconhecidas. Roberto Pompeu de Toledo escreveu em 1994 na *Revista Veja*: "Hoje sabemos que a corrupção faz parte de nosso sistema de poder tanto quanto o arroz e o feijão de nossas refeições".

Os corruptos são vistos como espertos, e não como criminosos que de fato são. Via de regra, podemos dizer: quanto mais desigual e injusta é uma sociedade e correspondentemente um Estado – e ainda por cima centralizado e burocratizado como o nosso –, mais se cria um caldo cultural que permite e tolera a corrupção.

3 O poder absoluto corrompe absolutamente

Especialmente nos detentores de poder se manifesta a tendência à corrupção. Quem viu de maneira clara essa conexão entre poder e corrupção foi o Lord John Emerich Edward Dalberg-Acton (1848-1902). Católico e de família aristocrática anglo-ítalo-alemã, foi professor de História em Cambridge. Adepto do liberalismo, opunha-se duramente ao reacionarismo do Papa Pio IX.

Em 5 de abril de 1887 escreveu uma carta a seu colega Mandell Creighton, que havia publicado cinco tomos sobre a história dos papas do tempo da Reforma Protestante. Na carta mostrou como eles, contrariamente aos princípios cristãos, abusavam de sua posição de poder e justificavam suas ações imorais apelando para sua função religiosa, pois, nas palavras de Dalberg-Acton, "a função santifica seu portador".

Nesse contexto, formulou esta frase sempre citada: "O poder tem a tendência a se corromper e o absoluto poder a se corromper absolutamente".

Não sei se por pessimismo ou por realismo, afirmava também: "Meu dogma é a maldade geral dos homens com autoridade; são os que mais corrompem".

Hobbes em seu *Leviatã* (1651) corrobora a afirmação de Lord Acton ao escrever: "assinalo, como tendência geral de todos os homens, um perpétuo e irrequieto desejo de poder e de mais poder que cessa apenas com a morte; a razão disso reside no fato de que não se pode garantir o poder senão buscando ainda mais poder".

Lamentavelmente foi o que ocorreu com o PT e com os partidos aliados. Especialmente o PT levantou a bandeira da ética e das transformações sociais. Mas, ao invés de se apoiar no poder da sociedade civil e dos movimentos sociais e criar uma nova hegemonia, preferiu o caminho curto das alianças e dos acordos, o assim chamado presidencialismo de coalizão. Garantiu a governabilidade a preço de mercantilizar as relações políticas e abandonar a bandeira da ética. Um sonho de gerações foi frustrado.

Merece menção pelo seu lado patológico e insaciável, a corrupção do ex-governador do Rio de Janeiro, Sérgio Cabral, que, de todos os empreendimentos do Estado e das empresas em função dos Jogos Pan-Americanos e Olímpicos, cobrava propinas que alcançavam números exorbitantes de milhões e milhões de dólares, ao lado de joias e outros objetos de valor altíssimo. Mantinha inúmeras contas no exterior.

Concorrendo com ele em corrupção e não ficando atrás, destaca-se o ex-presidente da Câmara dos Deputados, Eduardo Cunha, o verdadeiro arquiteto do *impeachment* da Presidenta Dilma. Mostrou-se uma pessoa para a qual a verdade não constitui nenhuma referência, com claros sinais de anomia ética e moral.

A história mostra a ilusão dessa pretensão. De repente, pode-se perder tudo e ficar na miséria. Se a pessoa não puser sob controle a sua sede de poder e de acumulação, é castigada com o pesadelo de se sentir perdida e sem chão. Foi o que, com justiça, ocorreu com essas duas pessoas supracitadas, que pararam na prisão com penas de muitos anos.

4 Como combater a corrupção

Isso não é tarefa fácil, pois a corrupção utiliza todo tipo de subterfúgio para se concretizar. Mas há algumas indicações com relativa eficácia; entre elas, a transparência total e o aumento de auditores confiáveis que atacam antecipadamente a corrupção. Como nos informa o *World Economic Forum*, a Dinamarca e a Holanda possuem 100 auditores para cada 100.000 habitantes. O Brasil tem apenas 12.800, quando precisaríamos de pelo menos de 160.000.

Sem o compromisso permanente para criar e consolidar uma democracia menos desigual e injusta, nunca se superará o caldo produtor de corrupção. Continuando como está, a nossa democracia, mais nominal do que real, conterá sempre o fermento da corrupção e da impunidade.

5 Tudo virou mercadoria – o tempo da corrupção geral

É estarrecedora a corrupção que se constatou no Brasil nos últimos tempos, especialmente aquela revelada pela Operação Lava Jato, vulgarmente chamada de "petrolão"; vale dizer, ligada a uma das maiores petroleiras do mundo, a Petrobras. Os números sempre são mencionados em milhões de dólares, que escandalizam e vão além de qualquer senso de medida, mesmo entre ladrões e mafiosos.

Os organismos norte-americanos de vigilância que espionaram a Presidenta Dilma espionaram também a Petrobras, devido ao fato de deter uma das maiores jazidas de gás e de petróleo do mundo, que se encontra no pré-sal, em alto-mar. Detectaram indícios de alta corrupção que estava ocorrendo na empresa. Alertaram, então, as autoridades brasileiras, que iniciaram uma investigação. Foi encontrada uma teia imensa de corruptores e corruptos que envolviam grandes empreiteiras, altos funcionários da Petrobras, gente do próprio governo, doleiros, e não estavam ausentes setores do Judiciário e do Ministério Público.

Os beneficiados foram especialmente políticos de quase todos os partidos (há exceções louváveis), que financiavam suas custosas campanhas eleitorais com esse dinheiro da corrupção, sob forma de propinas milionárias.

Desde o início, as investigações que envolveram os principais órgãos da justiça e da polícia foram viciadas por um componente político. Focalizou-se particularmente em um partido, o PT, que estava no poder e que seus opositores queriam – seja pela via legal da eleição ou por qualquer outro expediente, ao arrepio da normalidade democrática – alijá-lo dessa posição. Os vazamentos, problemáticos em termos legais, praticamente se concentraram no PT, relevando e até ocultando o envolvimento de outros partidos, principalmente os da oposição.

A partir daí criou-se praticamente uma generalização (em si injusta, porque ignora os membros corretos – diria, em sua grande maioria – nas bases partidárias dos municípios) de que corrupção era coisa do PT.

É inegável que o PT e aliados se beneficiaram dos esquemas de corrupção, mas seria injusto considerar que o PT detinha o monopólio da corrupção. Esta é endêmica na vida política e social do país e perpassa partidos e empresas, incluindo muitíssimos cidadãos ricos, seja sonegando altas somas de impostos, seja escondendo grande parte de sua fortuna em bancos estrangeiros, em paraísos fiscais e *offshores*.

Raramente em nossa história recente víamos grandes empresários sendo presos, interrogados, condenados e encarcerados. A corrupção que havia se naturalizado nos mais altos estratos dos negócios e da política começou a ser finalmente desmascarada e posta sob os rigores da lei. Tal fato constitui um dado de altíssima relevância e um avanço no sentido da moralidade pública.

Mas, para sermos realistas e não moralistas, aprofundemos, mesmo que superficialmente, a lógica da corrupção que, como veremos, é uma expressão depravada da lógica do capital como modo de produção e como cultura dominante.

Normalmente as sociedades se assentam sobre o seguinte tripé: na *economia*, que garante a base material da vida humana, para que seja boa e decente; na *política*, pela qual se distribui o poder e se montam as instituições que fazem funcionar a convivência social; na *ética*, que estabelece os valores e normas que regem os comportamentos humanos, para que haja justiça e paz e que se resolvam os conflitos sem recurso à violência. Geralmente a ética vem acompanhada por uma aura espiritual que responde pelo sentido último da vida e do universo, exigências sempre presentes na agenda humana.

Essas instâncias se entrelaçam numa sociedade funcional, mas sempre nesta ordem: a economia obedece à política, a política se submete à ética e a ética se abre a uma visão espiritual-humanística da realidade e do destino humano e do universo.

Mas a partir da Revolução Industrial no século XIX, precisamente a partir de 1834, a economia começou na Inglaterra a se descolar da política, a soterrar a ética e a reservar a visão espiritual às igrejas ou religiões.

Surgiu uma economia de mercado, de forma que todo o sistema econômico fosse dirigido e controlado apenas pelo mercado, livre de qualquer controle ou de algum limite ético.

A marca registrada desse mercado não é a cooperação, mas a competição, que vai além da economia e impregna todas as relações humanas. Mais ainda, criou-se, no dizer de Karl Polanyi, "um novo credo totalmente materialista que acreditava que todos os problemas poderiam ser resolvidos por uma quantidade ilimitada de bens materiais" (*A grande transformação*, 2000: 58). Esse credo é ainda hoje assumido com fervor religioso pela maioria dos economistas do sistema imperante e, em geral, pelas políticas públicas, o que foi reforçado por aqueles que deram o golpe parlamentar de 2016 para implantar o mais radical neoliberalismo de mercado.

A partir de agora a economia foi elevada a ser o único eixo articulador de todas as instâncias sociais. Tudo passará pela economia; concretamente, pelo PIB. Quem estudou em detalhe esse processo foi o filósofo e historiador da economia já referido, Karl Polanyi (1866-1964), de ascendência húngara e judia e mais tarde convertido ao cristianismo de vertente calvinista.

Nascido em Viena, atuou na Inglaterra e depois nos Estados Unidos. Sob a pressão macarthista, obrigou-se a mudar para o Canadá. Vivia entre Toronto e a Universidade de Colúmbia, em Nova York.

Karl Polanyi demonstrou em seu livro *A grande transformação* (1944), que "em vez de a economia estar embutida nas relações sociais, são as relações sociais que estão embutidas no sistema econômico" (p. 77). Então ocorreu o que ele chamou de "a grande transformação: de uma economia de mercado se passou para uma sociedade de mercado".

Em consequência, nasceu um novo sistema social, nunca antes havido, no qual a sociedade não existe, mas apenas os indivíduos competindo entre si; coisa que Reagan e Thatcher repetiram à saciedade.

Tudo mudou; pois tudo, tudo mesmo, virou mercadoria. Qualquer bem passou a ser levado ao mercado e negociado em vista do lucro individual: produtos naturais; manufaturas; coisas sagradas ligadas diretamente à vida, como água potável, sementes, solos, órgãos humanos. Polanyi não deixa de anotar que tudo isso é "contrário à substância humana e natural das sociedades". Mas foi o que triunfou especialmente no pós-guerra. O mercado é "um elemento útil, mas subordinado a uma comunidade democrática", diz Polanyi. O pensador está na base da "democracia econômica", como é proposta atualmente entre nós por Ladislau Dowbor e Ignacy Sachs.

Aqui cabe recordar as palavras proféticas de Karl Marx em 1847, em *A miséria da filosofia*: "Chegou, enfim, um tempo em que tudo o que os homens haviam considerado inalienável se tornou objeto de troca, de tráfico e pode-se vender. O tempo em que as próprias coisas que até então eram coparticipadas, mas jamais trocadas; dadas, mas jamais vendidas; adquiridas, mas jamais compradas – virtude, amor, opinião, ciência, consciência etc. –, em que tudo passou para o comércio. *O tempo da corrupção geral,* da venalidade universal ou, para falar em termos de economia política, o tempo em que qualquer coisa, moral ou física, uma vez tornada valor venal, é levada ao mercado para receber um preço, no seu mais justo valor".

Os efeitos socioambientais desastrosos dessa mercantilização podem ser percebidos hoje; por exemplo, o caos ecológico da Terra e as políticas neoliberais dos que deram o golpe de 2016.

É forçoso repensar o lugar da economia no conjunto da vida humana, especialmente diante dos limites da Terra. O individualismo mais feroz, a acumulação obsessiva e ilimitada enfraquecem aqueles valores que, sem eles, nenhuma sociedade pode ser considerada humana: a cooperação, o cuidado de uns para com os outros, a solidariedade, o amor e a veneração pela Mãe Terra, e também a escuta da consciência, que nos incita para o bem de todos.

Quando uma sociedade se entorpeceu como a nossa e, por seu crasso materialismo, fez-se incapaz de sentir o outro como outro, somente enquanto eventual produtor e consumidor, ela está cavando seu próprio abismo. O que disse Chomsky há tempos na Grécia vale como um alerta: "aqueles que lideram a corrida para o precipício são as sociedades mais ricas e poderosas, com vantagens incomparáveis, como os Estados Unidos e o Canadá. Essa é a louca racionalidade da 'democracia capitalista' realmente existente" (*O Globo*, 22/12/2013).

Agora cabe a retomada do ao *There is no Alternative* (Tina) [*Não há alternativa* com outra Tina]: *There is a New Alternative* [Existe uma nova alternativa]. Caso contrário, caminharemos rumo a um abismo. Os nossos bens materiais não nos salvarão. É o preço letal por termos entregue nosso destino à ditadura da economia transformada num "deus salvador" de todos os problemas, o eixo articulador de todas as instâncias da sociedade.

Mas onde fica o amor, a solidariedade, a compaixão, a devoção e o cuidado de uns para com os outros, para com a natureza e a Casa Comum? São todos valores que não têm preço nem se compram no mercado. Sua sede são o coração e a razão sensível, aquela que guarda ainda a nossa verdadeira essência humana. Mas ela não conta para uma sociedade unicamente de mercado e que propõe como ideal a maior acumulação possível de bens materiais.

6 Como fica a consciência dos corruptos?

A corrupção possui seu lado objetivo, a rapinagem de bens monetários e materiais. Mas ela contém também um lado subjetivo: Como fica a consciência dos corruptos que roubam milhões dos cofres públicos ou os empresários que superfaturam por milhões de reais os projetos e pagam propinas milionárias para agentes do Estado?

Pior ainda: Como fica a consciência daqueles perversos que desviam centenas de milhões de reais da saúde? E aqueles desumanos que falsificam remédios e condenam à morte aqueles que deles precisam? Sem esquecer os desvergonhados que roubam da boca dos escolares a merenda, sabendo que para inúmeros pobres representa a única refeição do dia?

Muitos desses corruptos são apenas denunciados, ficando tudo no mesmo, e eles rindo à toa. Não raro, são cristãos e católicos que, por seus crimes, continuam mantendo Cristo na cruz, nos corpos dos crucificados deste mundo.

Para entender essa aterradora maldade temos de considerar realisticamente a condição humana: ela é simultaneamente *dia-bólica* e *sim-bólica*, compassiva e perversa; ela vive na tensão e na luta entre *eros* (pulsão de vida) e *thanatos* (pulsão de morte).

A tradição teológica afirma que somos simultaneamente justos e pecadores. Depende do projeto de nossa liberdade dar mais espaço a uma ou a outra dimensão. Assim, pode surgir uma pessoa honesta, justa, amante da verdade e do bem, e pode crescer, também, uma pessoa maldosa, corrupta e distante de tudo o que é bom e justo. Na realidade, essas duas dimensões se entrelaçam na mesma pessoa e não há como separá-las totalmente; é a nossa condição humana ambígua e atravessada por essa contradição. É o projeto fundamental, de fundo, que fará predominar uma ou outra com consequências diferentes, boas uma e malévolas outra.

Mas não precisava ser assim. No mais profundo de nós mesmos, não obstante a ambiguidade referida, vige uma *primeira natureza* que se expressa por uma bondade fontal, por uma tendência para o justo e o verdadeiro. Quanto mais penetrarmos em nossa radicalidade, mais nos daremos conta de que essa é a nossa essência verdadeira, a nossa *natureza primeira*.

Mas sem sabermos como e por que ocorreu algo em nosso processo antropogênico – desafio permanente para os pensadores religiosos e filósofos, como também para pensadores de todas as tradições – que fez com que a nossa natureza primeira decaísse e se pervertesse. Já citamos Immanuel Kant e cabe aqui repeti-lo pela forma concreta como o disse: "Somos um lenho torto do qual não se consegue tirar uma tábua reta".

Consequentemente criamos uma *segunda natureza*, feita de maldades de todo tipo. Essa terminologia já se encontra em Santo Agostinho, em Santo Tomás de Aquino e posteriormente retomada por Pascal e por Hegel. Ela está presente em todos os povos e instituições e, num certo nível, em cada um de nós. É resultante da sequência continuada e uniforme de nossos maus hábitos, gerando uma verdadeira cultura de distorções. É a cultura do negativo em nós, é o reino da corrupção que se naturalizou.

Personalizamos essa segunda natureza. Se alguém se habituou a mentir, a enganar, a roubar, a corromper ativamente e a se deixar corromper passivamente, acaba criando em si essa segunda natureza. Rouba sem se dar conta de que essa sua prática é perversa e antiética porque prejudica os outros ou o bem comum. Pratica tudo isso *sem culpa e sem remorsos*, porque nele a corrupção virou natural, uma segunda natureza. Continua sendo cara de pau, como se observa nos nossos corruptos que emagrecem não pela má consciência que os corrói por dentro, mas pelas péssimas condições das prisões.

Além deste dado da *condition humaine* decadente, o sociólogo Jessé Souza, no livro *A elite do atraso* – Da escravidão à Lava Jato (2017), nos fornece um dado de nossa própria história: a escravidão. Esta coisificava os escravos considerando-os "peças", objeto de violência e de desprezo. "Sua função era vender energia muscular, como animais" (J. Souza). Esse desprezo foi transferido aos nordestinos, aos negros, aos pobres em geral e aos LGBT, entre tantos outros discriminados.

No tempo recente, boa parte dos endinheirados se sentiu ameaçada pela ascensão desses condenados da terra; começou a se irritar porque os via nos *shoppings centers* e nos aeroportos; para eles, bastava o ônibus, e jamais o avião. Aqui já não se trata de corrupção financeira, mas de corrupção das mentes e dos corações, tornando as pessoas desumanas.

Finalmente, por uma mudança de rumo de nossa política em relação aos crimes de colarinho branco, os donos de grandes empresas e outros políticos que fizeram, em grande parte, suas fortunas pela corrupção, estão sentindo o peso da justiça, o rigor das prisões e o escárnio público. Estão atrás das grades, fato inédito em nossa história.

O sofrimento sempre dá duras lições. Oxalá, pelos padecimentos, a primeira natureza, a da bondade originária, a consciência, venham à tona e se descubram reféns da segunda natureza, a decadente e produtora de maldades, que eles mesmos criaram. O imperativo irretorquível não pode ser outro: mudem de sentido de vida e devolvam o dinheiro roubado. Como a maioria se define cristã, não esqueça disso: no momento derradeiro de suas vidas enfrentarão, trêmulos, não o Juiz Supremo, mas os rostos das vítimas que fizeram por causa de suas corrupções e que morreram antes do tempo; na verdade, foram por eles assassinadas. As fortunas roubadas e acumuladas não os salvarão. E, então, como ficarão? A parábola bíblica do rico epulão e do pobre Lázaro nos oferece a resposta.

7 A consciência persegue o corrupto, mesmo que ninguém o persiga

Há uma voz dentro de nós que nunca conseguimos fazer calar, é a voz da consciência. Ela está acima da ordem estabelecida e das leis vigentes.

No cotidiano podem ser observados fatos criminosos como violar inocentes, tirar da boca do faminto o pão que o salvaria da morte, roubar o dinheiro destinado à saúde e à educação, praticar corrupção com verdadeira pilhagem de milhões de reais que eram para a infraestrutura... e outros crimes hediondos. É possível que o criminoso se acostume a tais práticas a ponto de criar uma *segunda natureza* e pensar: "Como a coisa é de todos – portanto, de ninguém –, posso me apropriar dela". Se ocupa um cargo público diz: "Quem se enriquece nessa posição é um esperto, quem não o faz é um bobo". A corrupção, endêmica no Brasil, rege-se por tal sofisma.

Mas ninguém pode se livrar da voz interior, a *natureza primeira*, que inapelavelmente o acusa e pede satisfação. Pode fugir como Caim, mas ela continua, como um tímpano, a vibrar dentro dele. O corrupto foge, mesmo que a justiça não o persiga.

Quem é esse que vê dentro do coração e para o qual não existem segredos e câmeras secretas? Novamente, a consciência; ela julga, admoesta, corrói por dentro, aplaude e condena.

Os homens do Espírito de ontem e de hoje testemunham: é Deus dentro de nós. Pouco importa o nome que lhe damos – conforme as diferentes culturas –, mas está relacionado a uma instância que é mais alta do que nós, cuja voz não consegue ser abafada pelo vozerio humano, por mais forte que seja. Com acerto escreveu Sêneca: "A consciência é Deus dentro de ti, junto de ti e contigo". Abundam exemplos históricos, mas aqui farei referência a um antigo e a outro moderno.

No ano de 310 o imperador romano Maximiliano mandou dizimar uma unidade de soldados cristãos porque se negaram a matar inocentes. Antes de serem degolados escreveram ao imperador: "Somos teus soldados, imperador; mas antes, somos servos de Deus. A ti fizemos o juramento imperial, mas a Deus prometemos não praticar nenhum mal. Preferimos morrer a matar. Optamos ser mortos como inocentes do que viver com a consciência sempre nos acusando" (*Passio Agaunensium*, n. 9).

Depois de 1.500 anos, a 3 de fevereiro de 1944, escreveu um soldado alemão e cristão a seus pais: "Queridos, fui condenado à morte porque me neguei a fuzilar prisioneiros russos indefesos. Prefiro morrer a levar pela vida afora a consciência carregada com o sangue de inocentes. Foi a senhora, querida mãe, que me ensinou sempre a seguir a consciência e só depois as ordens dos homens. Agora chegou a hora de viver essa verdade" (MALEVEZZI, P. &

PIRELLI, G. (orgs.). *Letzte Briefe zum Tode Verurteilter,* 1955: 489). E acabou fuzilado.

Que força é essa que nestes dois pequenos relatos encheu de coragem os soldados romanos e o soldado alemão para poderem agir assim, preferindo morrer do que matar inocentes? Que voz é essa que os aconselhou antes morrer do que matar? Que poder possui essa voz interior a ponto de vencer o medo natural de morrer? É a voz imperiosa da consciência. Nós não a criamos; por isso não podemos destruí-la. Podemos desobedecê-la, negá-la, recalcá--la, mas não podemos silenciá-la.

A consciência é intocável e suprema. O respeito a ela é tão grande que até a consciência invencivelmente errônea deve ser ouvida e seguida. Por isso os bispos reunidos no Concílio Vaticano II (1962-1965) deixaram escrito: "A consciência, mesmo quando invencivelmente erra, não perde sua dignidade" (*De Dignitate Humana,* n. 2).

Está em consciência invencivelmente errônea a pessoa que empenha todos os esforços para buscar sinceramente a verdade, perguntando, estudando, deixando-se aconselhar por outros e questionando a si mesma, e mesmo assim erra. Se alguém fizer tudo isso e errar, então tem o direito de ser respeitado e ouvido porque foi consequente com sua consciência.

Todo homem pode errar tragicamente, com a melhor das boas intenções. Por isso, sempre deve interrogar a si mesmo, se e como está escutando, ou não, a voz interior. Blaise Pascal ponderava sabiamente: "Nunca fazemos tão perfeitamente o mal como quando o fazemos com boa consciência". Só que essa boa consciência não é boa.

Albert Camus, referindo-se à moral da obediência cega, escreveu: "A boa vontade pode causar tanto mal quanto a má, quando não for suficientemente bem-informada", isto é, quando não escutar a voz da consciência, chamando para a boa ação.

Tudo isso é dito com o foco na vergonhosa corrupção que contaminou nossa sociedade, praticamente em todos os níveis, especialmente os grandes donos de empresas e políticos do mais alto escalão até o desastrado presidente da República, Michel Temer. São moucos face à sua consciência que os incrimina.

Chegará o momento em que irão responder a um Mais Alto. E aí cairão as máscaras dos corruptos e dos corruptores. Tudo virá à luz; ninguém escapará sob nenhum subterfúgio, porque a consciência os denunciará.

II
O RESGATE DA ESPERANÇA E DO PRINCÍPIO-ESPERANÇA

Depois de considerarmos o histórico trágico da corrupção sistêmica em nosso país, faz-se necessário resgatar a esperança para podermos sair do desamparo.

No âmbito da história, não há problema para o qual não se encontre uma solução. Assim também deverá valer para o Brasil. Mas antes, temos de nos munir de esperança e de coragem; são elas as fontes originárias de novos projetos e de utopias salvadoras. Consideremos a questão da utopia.

1 Resgatar o pensamento utópico

No desamparo que grassa no Brasil após o golpe que criou uma fissura na democracia e uma completa desmoralização dos que deram o golpe, faz-se urgente resgatar o sentido da utopia e a força que dela se deslancha. Isso vale não apenas para o Brasil, mas para a inteira humanidade.

Na verdade, vivemos no olho de uma crise civilizacional de proporções planetárias. Já o dissemos anteriormente: toda crise oferece chances de transformação, bem como riscos de fracasso. Na crise, medo e esperança se mesclam, especialmente agora que já estamos dentro do aquecimento global e alcançamos, a partir de 2 de agosto de 2017, a *sobrecarga da Terra* (*the Earth Overshoot Day*), vale dizer, o dia em que a Terra alcançou os limites intransponíveis dos elementos básicos que sustentam a vida. Todas as luzes vermelhas se acenderam; entramos no "cheque especial", despertando-nos para a gravidade desse fato. A partir de agora, para atender às demandas humanas, especialmente daqueles países acostumados ao consumismo, teremos de fazer violência à Terra, arrancando-lhe aquelas parcas reservas que necessita para assegurar sua vitalidade e sustentabilidade ameaçada. A consequência é o crescimento de eventos extremos que desequilibram os climas e as bases físico-químicas que sustentam a vida. Face a esse grave quadro, não sabemos em que nos agarrar, senão no último galho que nos sustenta, que é a esperança. Ela se expressa na linguagem das utopias. Estas, por sua natureza, nunca vão se realizar totalmente, mas elas nos mantêm caminhando.

Bem disse o irlandês Oscar Wilde: "Um mapa do mundo que não inclua a utopia não é digno sequer de ser olhado, pois ignora o único território em que a humanidade sempre atraca, partindo em seguida para uma terra que supõe ser melhor". Entre nós, acertadamente observou o poeta gaúcho Mário Quintana: "Se as coisas são inatingíveis… ora! / Não é motivo para não querê-las / Que tristes os caminhos e se não fora / A mágica presença das estrelas". Eduardo Galeano insistia que a utopia tem o condão de nos fazer sempre andar, superando cada um dos horizontes e buscando sempre outros.

A utopia não se opõe à realidade; antes, pertence a ela, porque esta não é feita apenas por aquilo que é feito e dado, mas por aquilo que pode ser feito e dado; portanto, por aquilo que é ainda potencial e viável.

2 Alimentar o princípio-esperança

A utopia nasce desse transfundo de potencialidades presentes na história, em cada povo e em cada pessoa. O renomado filósofo alemão Ernst Bloch introduziu a expressão *princípio-esperança*. Ele é mais que a virtude da esperança; sendo um princípio gerador de sonhos e ações. A esperança representa o inesgotável potencial da existência humana e da história que permite dizer *não* a qualquer realidade concreta, às limitações espaçotemporais, aos modelos políticos e às barreiras que cerceiam o viver, o saber, o querer e o amar.

O ser humano só diz *não* porque primeiro diz *sim*; *sim* à vida, ao sentido, aos sonhos e à plenitude ansiada. Embora realisticamente não entreveja a total plenitude no horizonte das concretizações históricas, nem por isso ele deixa de ansiar por ela com uma esperança jamais arrefecida.

Jó, quase na vasca da morte, podia gritar a Deus: "Mesmo que Tu me mates, ainda assim espero em ti". O paraíso terrenal narrado em Gn 2,3 é um texto de esperança. Não se trata do relato de um passado perdido e do qual guardamos saudades, mas é, antes, uma antecipação, uma promessa, uma esperança de futuro ao encontro do qual estamos caminhando.

Como comentava Bloch: "o verdadeiro Gênese não está no começo, mas no fim". Só no termo do processo da evolução serão verdadeiras as palavras das Escrituras: "E Deus viu que tudo era bom". Enquanto nos encontramos dentro do processo de evolução nem tudo é bom, só perfectível.

O essencial do cristianismo não reside em afirmar a encarnação de Deus – outras religiões também o fizeram –, mas é afirmar que a utopia (aquilo que não tem lugar) virou eutopia (um lugar bom). Em alguém, não apenas a morte foi vencida, o que seria muito, mas todas as virtualidades escondidas no ser humano explodiram e implodiram, fazendo-se realidade. Jesus é o "Adão novíssimo" na expressão de São Paulo (cf. 1Cor 15,45), o Homem abscôndito agora revelado. Mas Ele é apenas o primeiro dentre muitos irmãos e irmãs; nós seguiremos a Ele, completa São Paulo em suas cartas.

Anunciar tal esperança no atual contexto sombrio do Brasil e do mundo não é irrelevante. Transforma a eventual tragédia da Terra, da humanidade e de nosso país, devido à desmontagem de direitos e de conquistas populares, numa crise purificadora. Vamos fazer uma travessia perigosa, mas a vida será garantida e o Brasil sairá regenerado dessa crise acrisoladora.

Os grupos portadores de sentido, as religiões e as Igrejas cristãs devem proclamar de cima dos telhados semelhante esperança. A grama não cresceu sobre a sepultura de Jesus. A partir da crise da Sexta-feira da Paixão, a vida triunfou pela ressurreição do Crucificado. Por isso a tragédia não pode ter a última palavra. Esta tem a vida em seu esplendor solar.

3 O valor das utopias minimalistas: as melhorias possíveis

Temos reafirmado a importância de resgatar a perspectiva utópica da realidade e recusamos a afirmação de que estamos vivendo tempos pós-utópicos. Aceitar essa afirmação é mostrar uma representação reducionista do ser humano e da realidade histórico-social, que só beneficia os conservadores fatalistas que não querem ver ameaçada a sua fortuna. O ser humano não é apenas um *dado* que está aí fechado, vivo e consciente, ao lado de outros seres. Ele também é um ser virtual; esconde dentro de si virtualidades ilimitadas que podem irromper e se concretizar.

O ser humano e a sociedade são realidades portadoras de desejos e testemunhos do princípio-esperança, permanentemente insatisfeitos e até indignados, e sempre buscando novas saídas para os seus problemas. Filosoficamente, ele é um projeto infinito, à procura de um obscuro objeto infinito que lhe seja adequado.

É desse transfundo virtual que nascem os sonhos, os pequenos e grandes projetos e as utopias mínimas e máximas. Sem elas o ser humano não veria sentido em sua vida, e tudo seria cinzento.

Uma sociedade sem uma utopia não teria um rumo certo, viveria uma situação caótica e sem horizonte e, por fim, acabaria afundando no pântano dos interesses dos mais fortes, sejam individuais ou corporativos. O que entrou em crise não são as utopias, mas certo tipo de utopia: as utopias maximalistas vindas do passado.

Os últimos séculos foram dominados por utopias maximalistas (cf. SOJA, L. *Le utopie minimaliste*. Milão, 2013): a utopia iluminista, que universalizaria o império da razão contra todos os tradicionalismos e autoritarismos; a utopia industrialista de transformar as sociedades com produtos tirados da natureza e das inovações técnicas; a utopia capitalista de levar progresso e riqueza para todo mundo; a utopia socialista de gerar sociedades igualitárias e sem classes; as utopias nacionalistas sob a forma do nazifascismo que, a partir de uma nação poderosa, de uma "raça pura", redesenharia a humanidade, impondo-se a todo mundo; atualmente a utopia da saúde total, gestando as condições higiênicas e medicinais que visam a imortalidade biológica ou o prolongamento da vida até a idade das células (cerca de 130 anos); a utopia de um único mundo globalizado sob a égide da economia de mercado e da democracia liberal, hegemonizado pelas potências militaristas; a utopia de ambientalistas radicais que sonham com uma Terra virgem e o ser humano totalmente integrado nela. Essas são as utopias maximalistas; propunham o máximo. Muitas delas foram impostas com violência ou geraram violência contra seus opositores. Temos hoje distância temporal suficiente para nos confirmar que essas utopias maximalistas custaram caro em termos de vidas humanas e de guerras devastadoras, acabando por frustrar o ser humano. Foram se desvitalizando até perderem seu fascínio e serem abandonadas.

Daí falarmos de tempos pós-utópicos. Mas o *pós* se refere a esse tipo de utopia maximalista, não à concepção da utopia em si, cujo valor é permanente. Elas deixaram um rastro de decepção e de depressão; especialmente a utopia da revolução absoluta dos anos 60 e 70 do século passado, como a cultura *hippie* e seus derivados.

Mas a utopia permanece porque somos feitos de sonhos, projeções e utopias. Hoje a busca se orienta pelas utopias minimalistas, aquelas que, no dizer de Paulo Freire, realizam o "viável possível", fazem a sociedade "menos malvada e tornam menos difícil o amor". Nota-se por todas as partes a urgência latente de utopias do simples melhoramento do mundo. Tudo o que nos entra pelas muitas janelas de informação nos leva a sentir essa verdade: assim como o mundo está não pode continuar. Temos de mudar, e se não der, ao menos melhorar. Nem por isso abandonamos a grande utopia de uma humanidade vivendo reconciliada consigo mesma na mesma Casa Comum, vivendo a comensalidade, juntos desfrutando dos bons frutos da generosa Mãe Terra. Esse é o sonho perene de todas as culturas.

No entanto, não pode continuar a absurda acumulação de riqueza como jamais houve na história (os 85 mais ricos possuem renda correspondente a 3,57 bilhões de pessoas, como denunciava a ONG *Oxfam Intermón* presente em 94 países e assessorada pelos cientistas do MIT de Harvard, em janeiro de 2015 em Davos; a mesma ONG em 2016, também em Davos, já afirmava que 8 multibilhardários possuem, rendas que excedem as rendas de quase metade da humanidade, 3,7 bilhões de pessoas).

Para esses, o sistema econômico-financeiro não está em crise; ao contrário, oferece chances de apropriação e fusão de outras empresas em crise. Ou, para melhor superarem a crise, empenham-se numa acumulação absurda como nunca antes na história do capitalismo. Há de se pôr um freio à voracidade produtivista que assalta os bens e serviços comuns (*commons*) da Terra e da humanidade em vista de uma desenfreada acumulação. Ela é a principal causa produtora de gases de efeito estufa que alimentam o aquecimento global – se não for detido, ele poderá produzir um *armagedom* ecológico.

As utopias minimalistas, a bem da verdade, são aquelas que foram implementadas pelos governos Lula e Dilma e seus aliados, com base popular, e que agora estão sendo desmontadas pelo governo antipopular da coligação que realizou um golpe parlamentar. Elas visavam garantir que o povo fizesse duas ou três refeições ao dia, pois o primeiro dever de um Estado é garantir a vida dos cidadãos. – Isso não é assistencialismo, mas humanitarismo em grau zero. Também incluíam os projetos "Minha casa, minha vida", "Luz para todos"; o aumento significativo do salário-mínimo; o "Prouni", que permitiu acesso aos estudos superiores de estudantes socialmente menos favorecidos; os "pontos de cultura"; como também outros projetos populares que não cabe aqui elencar.

Em nível das grandes maiorias, são verdadeiras utopias mínimas viáveis: receber um salário que atenda as necessidades da família, ter acesso à saúde, poder encaminhar os filhos à escola, utilizar um transporte coletivo que não subtraia tanto tempo, contar com serviços sanitários básicos, dispor de lugares de lazer e de cultura e com uma aposentadoria digna para enfrentar os achaques da velhice.

A consecução dessas utopias minimalistas cria a base para utopias mais altas: aspirar que os povos se abracem na fraternidade; não se guerreiem; unam-se todos para preservar este pequeno e belo Planeta Terra, sem o qual nenhuma utopia maximalista ou minimalista pode ser projetada.

O primeiro ofício do ser humano é viver livre de necessidades e gozar um pouco do reino da liberdade. E, por fim, agradecer à vida por lhe ter propiciado as condições de existir humanamente e de desfrutar da alegria, própria da existência.

4 Não perder o sonho de 2013 de refundar o Brasil

À luz das reflexões anteriores sobre a utopia e o princípio-esperança podemos compreender melhor as grandes manifestações ocorridas em junho de 2013. O que finalmente o povo que estava na rua queria, consciente ou inconsciente? Eram as utopias minimalistas. Para responder me apoio em três citações inspiradoras.

A primeira é de Darcy Ribeiro no prefácio a um livro meu: *O caminhar da Igreja com os oprimidos* (1998): "Nós brasileiros surgimos de um empreendimento colonial que não tinha nenhum propósito de fundar um povo. Queria tão somente gerar lucros empresariais exportáveis com pródigo desgaste de gentes".

A segunda é do cientista político Luiz Gonzaga de Souza Lima, na mais recente e criativa interpretação do Brasil: *A refundação do Brasil* – Rumo a uma civilização biocentrada (2011):

> Quando se chega ao fim, lá onde acabam os caminhos, é porque chegou a hora de inventar outros rumos; é hora de outra procura; é hora de o Brasil se refundar; a refundação é o caminho novo e, de todos os possíveis, é aquele que mais vale a pena, já que é próprio do ser humano não economizar sonhos e esperanças; o Brasil foi fundado como empresa. É hora de se refundar como sociedade (contracapa).

A terceira é do escritor francês François-René de Chateaubriand (1768-1848): "Nada é mais forte do que uma ideia quando chegou o momento de sua realização".

As multitudinárias manifestações de rua de junho de 2013, que se fizeram sem siglas, sem cartazes dos movimentos e dos partidos conhecidos e sem carro de som, mas irrompendo espontaneamente, queriam dizer: estamos cansados do tipo de Brasil que temos e herdamos: corrupto, com democracia mais de farsa do que de realidade, que faz políticas ricas para os ricos e pobres para os pobres, no qual as grandes maiorias não contam e pequenos grupos extremamente opulentos controlam o poder social e político; queremos outro Brasil, que esteja à altura da consciência que desenvolvemos como cidadãos e sobre a nossa importância para o mundo, com a biodiversidade de nossa natureza, com a criatividade de nossa cultura e com o maior patrimônio que temos, que é o nosso povo, misturado e junto, alegre, sincrético, tolerante e místico.

Efetivamente, até hoje o Brasil foi e continua sendo um apêndice do grande jogo econômico e político do mundo. Mesmo politicamente libertados, continuamos sendo recolonizados, pois as potências centrais, antes colonizadoras, nos querem manter ao que sempre nos condenaram: a ser uma grande empresa neocolonial que exporta *commodities*, grãos, carnes, minérios, como mostra em detalhe Luiz Gonzaga de Souza Lima e reafirma Darcy Ribeiro em citação anterior. Dessa forma nos impedem de refundarmos o Brasil e realizarmos nosso projeto de nação independente e aberta ao mundo.

Diz com fina sensibilidade social Souza Lima:
> Ainda que nunca tenha existido na realidade, há um Brasil no imaginário e no sonho do povo brasileiro. O Brasil vivido dentro de cada um é uma produção cultural. A sociedade construiu um Brasil diferente do real histórico, o tal país do futuro, soberano, livre, justo, forte, mas sobretudo alegre e feliz (p. 235).

Nos movimentos de rua irrompeu esse sonho exuberante de Brasil. Caio Prado Júnior, em sua *A revolução brasileira* (1966), profeticamente escreveu:
> O Brasil se encontra num daqueles momentos em que se impõem de pronto reformas e transformações capazes de reestruturarem a vida do país de maneira consentânea com suas necessidades mais gerais e profundas e as aspirações da grande massa de sua população que, no estado atual, não são devidamente atendidas (p. 2).

Chateaubriand confirma que essa ideia madurou e chegou ao momento de sua realização. Não seria o sentido básico dos reclamos dos que estavam, aos milhares, na rua? Querem um outro Brasil.

Sobre que bases se fará a refundação do Brasil? Souza Lima diz que é sobre aquilo que de mais fecundo e original temos: *a cultura brasileira.*
> É através de nossa cultura que o povo brasileiro passará a ver suas infinitas possibilidades históricas. É como se a cultura, impulsionada por um poderoso fluxo criativo, tivesse se constituído o suficiente para escapar dos constrangimentos es-

truturais da dependência, da subordinação e dos limites acanhados da estrutura socioeconômica e política da empresa-Brasil e do Estado que ela criou só para si. A cultura brasileira, então, escapa da mediocridade da condição periférica e se propõe a si mesma com *pari* dignidade em relação a todas as culturas, apresentando ao mundo seus conteúdos e suas valências universais (p. 127).

Para aprofundar essa tese remeto o leitor a esse livro que está na linha dos grandes intérpretes do Brasil, a exemplo de Gilberto Freyre, Sérgio Buarque de Holanda, Caio Prado Júnior, Celso Furtado, Darcy Ribeiro, Jessé Souza e outros. Mas a meu ver vai mais longe do que todos eles pela perspectiva planetária e ecológica que desenvolve.

A maioria desses clássicos intérpretes olhou para trás e tentou mostrar como se construiu o Brasil que temos. Souza Lima olha para frente e tenta mostrar como podemos refundar um Brasil na nova fase planetária, ecozoica, na era do *ecoceno,* rumo ao que ele chama de "uma sociedade biocentrada".

Não serão esses milhares de manifestantes os protagonistas antecipadores do ancestral e popular sonho brasileiro? Mas esse sonho esperançador está sendo frustrado por uma corja de políticos corruptos que está esvaziando e desmantelando o sonho tão generoso através de um golpe parlamentar pelo qual tentam impor um projeto político ultraneoliberal que jamais teria aprovação do povo mediante uma eleição livre. Ele implica a volta dos descendentes da casa grande, ávidos das riquezas que fazem transferir do povo para os seus cofres, deixando o Brasil como um barco à deriva, exposto a tempestades e a grandes ondas.

Mas depois da tempestade vem a bonança, que permitirá tirar as cinzas jogadas sobre esse sonho e criar as condições de sua realização. Vale-nos o verso de Camões no seu *Lusíadas*: "Depois de procelosa tempestade, sombria noite e cibilante vento / traz a manhã serena claridade, esperança de porto e salvamento".

5 A secreta força política da esperança

Vivemos tempos de grande desamparo social. Ocorreu uma espécie de terremoto, desta vez não provocado pela natureza, mas pela própria política, concretamente por um golpe parlamentar dado contra o povo e seus direitos.

O que ocorreu foi, na verdade, um golpe da classe dos endinheirados, ameaçados em seus privilégios pelos beneficiados das políticas sociais dos governos do PT que os levou a ocupar lugares dos quais antes estavam excluídos. Usaram para isso o parlamento, como em 1964, os militares. A deposição da Presidenta Dilma, eleita democraticamente, serviu aos propósitos dessas elites econômicas (0,05% da população, segundo o Ipea), que implicava ocupar os aparelhos de Estado e assim garantir, pelo tradicional patrimonialismo, seu *status* histórico-social feito à base de privilégios e de negociatas entre o Estado e empresas privadas. Tendo naturalizado a corrupção, os golpistas não tiveram escrúpulos em modificar a Constituição e introduzir reformas, para as quais não foram eleitos, tirando os direitos dos trabalhadores, dos indígenas, dos quilombolas, das mulheres e modificando profundamente os benefícios da Previdência.

A corrupção primeiramente detectada pelos órgãos de espionagem dos Estados Unidos e repassada ao nosso sistema jurídico-policial, permitiu instaurar um processo judicial que levou o nome de Lava Jato. Aí se detectou a trama inimaginável de corrupção que atravessa as grandes empresas, das estatais às privadas, os fundos de pensão e outros órgãos, dentro da lógica do patrimonialismo. A corrupção identificada foi de tal ordem, que escandalizou o mundo pelo volume de dinheiro desviado e roubado, aos milhões. Chegou a quebrar estados da Federação como, por exemplo, o Rio de Janeiro.

A consequência é o descalabro político, jurídico e institucional. É falacioso dizer que as instituições funcionam; todas elas estão contaminadas pela corrupção. A justiça mostrou-se fortemente parcial, especialmente por parte do juiz federal de primeira instância, Sérgio Moro, reforçado por boa parte do Ministério Público e com o apoio explícito de uma imprensa conservadora e sem maiores compromissos com a verdade.

Essa justiça revela sem peias uma fúria incontrolável de perseguição ao Ex-presidente Lula e ao seu partido, o PT, o maior do país. A vontade é de destruir sua incontestável liderança, desfigurar sua biografia e, de qualquer forma, impedir que se volte ao poder central. Força-se uma condenação, fundada mais por convicções do que por provas materiais, o que impediria sua candidatura que goza da preferência da maioria.

A consequência é um sofrido vazio de esperança. Mas importa resgatar o caráter político-transformador da esperança. Referimo-nos ao já mencionado princípio-esperança, isto é, aquele impulso que nos habita, pois sempre nos move, projeta sonhos e utopias e dos fracassos nos permite tirar motivos de resistência e de luta.

A Santo Agostinho, talvez o maior gênio cristão e africano de Hipona, hoje Argélia, grande formulador de frases, nos vem esta sentença: "A esperança tem duas belas e queridas filhas: a indignação e a coragem; a indignação para recusar as coisas como estão aí; e a coragem, para mudá-las".

Neste momento devemos evocar, em primeiro lugar, a filha-indignação contra o que o governo de Michel Temer está perpetrando criminosamente contra o povo, contra os indígenas, contra os negros, contra a população do campo, contra as mulheres, contra os trabalhadores e contra os idosos, tirando-lhes direitos e rebaixando milhões, que da pobreza estão passando para a miséria. Nem escapa a soberania nacional, pois o governo criminosamente está permitindo vender terras nacionais a estrangeiros.

Se o governo ofende o povo, este tem direito de evocar a filha-indignação e de não lhe dar paz, mas nas ruas e praças exigir sua renúncia, pois como pode estar à frente de um governo se é acusado de crimes de corrupção passiva e é fruto de um golpe? A simples permissão para ser julgado pelo STF foi rejeitada por deputados covardes e muitos deles corruptos, e por isso sem qualquer legitimidade.

A filha-coragem se mostra na vontade de mudanças, não obstante os enfrentamentos que poderão ser calorosos. É ela que nos manterá animados, nos sustentará na luta e poderá nos levar à vitória. Importa seguir o conselho do Quixote: "No hay que aceptar las derrotas sin antes dar todas las batallas".

Há um dado que devemos sempre tomar em conta: a realidade não é apenas o que está aí à nossa mão como fato. O real é mais do que o factual. O real esconde dentro de si virtualidades e possibilidades escondidas que podem ser tiradas para fora e torná-las fatos novos.

Uma dessas possibilidades é evocar o primeiro artigo da constituição, que reza: "Todo o poder emana do povo". Governantes e políticos são apenas delegados do povo. Quando estes atraiçoam não representam mais os interesses gerais, mas os das empresas financiadoras de suas campanhas. O povo tem direito de tirá-los do poder mediante eleições diretas.

O grito de protesto e indignação não é mais palavra de grupos, mas das grandes multidões. A filha-coragem deve exigir, por direito, a opção de *diretas já*, com uma prévia reforma política, a única que garantirá autoridade e credibilidade a um governo, capaz de nos tirar da presente crise.

As duas belas filhas da esperança poderão fazer sua a frase de A. Camus: "Em meio ao inverno aprendi que bem dentro de mim morava um verão invencível".

O povo brasileiro, em seu momento – assim esperamos – fará sentir dentro de si esse verão invencível, fruto de uma rebelde esperança. Será o começo da refundação de nosso país.

III

O ANTROPOCENO *VERSUS* O ECOCENO: COMO SUPERAR A SURDEZ E A CEGUEIRA FACE AOS RISCOS ECOLÓGICO-SOCIAIS

Antes de abordarmos propriamente o tema a que nos propusemos – Brasil: concluir a refundação ou prolongar a dependência? – faz-se mister nos confrontarmos com um obstáculo epistemológico (de compreensão) de base: nossa surdez face ao clamor ecológico e nossa cegueira face aos esquemas mentais pelos quais lemos a realidade circundante. Restrinjo-me à cegueira, pois a surdez será abordada ao longo do livro.

O poeta Affonso Romano de Sant'Ana e o Prêmio Nobel de Literatura, o português José Saramago, fizeram da cegueira tema para críticas severas à sociedade atual, assentada sobre uma visão reducionista da realidade. Essas críticas valem para a nossa atual realidade brasileira. Eles mostraram que há muitos presumidos videntes que são cegos e poucos cegos que são videntes.

1 A Terra entrou no "cheque especial"

Já abordamos o tema, mas devido à sua gravidade, convém retomá-lo. Em 2 de agosto de 2017 tivemos o Dia da Sobrecarga da Terra (*the Earth Overshott Day*), quer dizer, o dia em que a Terra mostrou que seus bens e serviços naturais alcançaram seu limite. A dispensa da Terra foi esvaziada. Em outras palavras, a Mãe Terra, que sempre nos dá aquilo que precisamos, não está mais em condições de nos oferecer os elementos e condições que sustentam nossa vida. As reservas se esgotaram. Repetimos: a partir de agora haverá menos água, menos solos férteis, mais ares poluídos, mais erosão, mais desaparecimento da mancha verde, menos sementes, menos alimentos, menos fibras, climas mais desregulados, mais tufões e tempestades, brevemente mais eventos extremos.

Todas as luzes vermelhas se acenderam. A Terra precisa de um ano e meio, pelo menos, para repor o que nós lhe tiramos durante um ano. E não está conseguindo, pois perdeu a sustentabilidade.

Uma sociedade com olhos atentos se alarmaria e tomaria decisões para que a Terra mantivesse sua vitalidade e assim garantisse a nossa vida e a nossa civilização sobre ela. Se chegarmos quase a um final de ano, daqui a não muito tempo e ocorrer uma derradeira sobrecarga da Terra, a nossa civilização poderá entrar em colapso.

Quem dos meios de comunicação deu importância a esse dado de vida e morte que representa a crescente sobrecarga da Terra? Praticamente ninguém. Foram apenas algumas linhas nos grandes jornais. Aqui se mostra quão imprevidente e cega se mostra a sociedade mundial. Ela não pensa, não medita e não se preocupa com o destino da humanidade e da Casa Comum. Ela compra, vende, consome, especula e concentra mais e mais riqueza para poucos, em detrimento da grande maioria; ela conspira, derruba governos progressistas e leva de roldão quem lhe faz oposição.

Seguimos num ritmo crescente com o mesmo modo de produção que estressa todo o sistema de vida e extenua a vitalidade da Terra. Podemos ir ao encontro do pior.

Não obstante esse conhecimento objetivo dos limites intransponíveis dos fatores que garantem nosso futuro, continua-se a propalar pomposamente que vivemos sob a sociedade do conhecimento, uma espécie de nova era das luzes. Efetivamente assim parece ser.

Conhecemos cada vez mais sobre cada vez menos. O conhecimento especializado colonizou todas as áreas do saber. O saber de um ano é maior do que todo saber acumulado dos últimos 40 mil anos. Se, por um lado, isso traz inegáveis benefícios, por outro nos faz ignorantes sobre tantas dimensões, colocando-nos escamas sobre os olhos e assim nos impedindo de ver a totalidade e especialmente as ameaças que pesam sobre todos nós.

A que se destina todo o nosso saber? Ao mercado visando o lucro ou à vida para melhorá-la? É uma ciência com consciência de sua responsabilidade na preservação do equilíbrio da Terra ou inconsciente? E sua pesquisa continua, indiferente diante das possíveis consequências perversas.

Com a crescente sobrecarga da Terra, o que está em jogo é a totalidade do destino humano e o futuro da biosfera. Por que esse dado ameaçador da sobrecarga da Terra não está sendo levado a sério pelos chefes de Estado nem pela grande mídia, que pretende projetar os cenários possíveis do futuro? Simplesmente porque, majoritariamente, encontram-se enclausurados em seus projetos nacionais e os cientistas em seus saberes específicos, nos quais são muito competentes, mas que, por isso mesmo, fazem-se cegos aos gritantes problemas globais.

Quais dos grandes centros de análise mundial dos anos de 1960 previram a mudança climática dos anos de 1990? Que analistas econômicos com Prêmio Nobel anteviram a crise econômico-financeira que devastou os países centrais em 2008 e afetou a economia mundial? Todos eram eminentes especialistas no seu campo limitado, mas idiotizados nas questões fundamentais.

Já Goethe, em seus aforismos, dizia: "Só vemos o que entendemos, e o que não entendemos deixamos de ver". Como os especialistas entendem apenas a mínima parte da realidade, objeto de seu estudo, acabam vendo apenas essa mínima parte, ficando cegos para o todo. O saber é cartesiano e compartimentado, e mudá-lo desmontaria hábitos científicos consagrados e toda uma visão de mundo.

É ilusória a independência dos territórios da física, da química, da biologia, da mecânica quântica e de outros. Basta conhecer minimamente a nova epistemologia, nascida da física quântica e da nova cosmologia para dar-se conta de que tudo tem a ver com tudo e que uma rede de relações enlaça todos os seres, e consequentemente todos os saberes. Portanto, todos os territórios e seus saberes são interdependentes, uma função do todo. Dessa percepção nasceu a necessidade de ecologizarmos todos os conhecimentos, e mesmo a ciência do sistema-Terra como um todo.

2 A nova era geológica: o antropoceno/o ecoceno

O primeiro a elaborar uma ecologia da Terra como um todo, ainda nos anos 20 do século passado, foi o russo Vladimir Ivanovich Vernadsky (1863-1945), que conferiu caráter científico à expressão "biosfera", criada em 1875 pelo geólogo austríaco Eduard Suess. Anos mais tarde, nos anos de 1970, com James Lovelock e sua equipe, derivou-se a Teoria Gaia, a Terra, que se comporta como um sistema orgânico que se autorregula, quer dizer, um superorganismo vivo, sempre articulando todos os elementos e fatores que produzem e reproduzem vida. Gaia não é tema da *New Age*, mas o resultado de minuciosa observação científica.

Ela oferece a base para políticas globais, como, por exemplo, o controle do aquecimento da Terra. Se ultrapassar 2°C, milhares de espécies vivas não terão capacidade de se adaptar e minimizar os efeitos negativos dessa nova situação; simplesmente desapareceriam. Também cabe mencionar as danosas consequências do eventual "aquecimento abrupto" (de 4-6°C) aventado pela comunidade científica norte-americana, ainda para o nosso século. Com essa temperatura, afirmam os cientistas, as formas de vida que conhecemos não subsistiriam, e grande parte da humanidade entraria em gravíssimo risco.

Vários cientistas, especialmente o Prêmio Nobel de Química, Paul Creutzen, deram-se conta das mudanças profundas ocorridas na base físico-química da Terra, e cunharam a expressão *antropoceno* como uma nova era geológica, na qual o ser humano seria o agente da desestabilização planetária.

Isso não seria um alarme a ser levado em conta, já que se trata do futuro da Terra e da humanidade? Mas nossa cegueira e surdez, reféns de um paradigma que tudo atomiza e não ecologiza todos os saberes, está nos condenando.

Emblemática foi a COP-15 sobre as mudanças, realizada em dezembro de 2009 em Copenhague. Como a maioria de nossa cultura é vítima do vezo da atomização dos saberes, o que predominou nos discursos dos chefes de Estado foram interesses parciais, como taxas de carbono, níveis de aquecimento, cotas de investimento e outros dados parciais. A questão central era outra: Que destino queremos para a totalidade, que é a nossa Casa Comum? O que podemos fazer coletivamente para garantir as condições necessárias para Gaia continuar habitável por nós e por outros seres vivos?

Esses são problemas globais que transcendem nosso paradigma de conhecimento especializado. Problemas globais demandam soluções globais. Estas suporiam um centro plural de governança global para mais facilmente gestionar semelhantes desafios. Mas ainda não chegamos a esse ponto, necessário e urgente.

A vida não cabe numa fórmula, nem o cuidado numa equação de cálculo. Para captar esse todo precisa-se de uma leitura sistêmica junto com a razão cordial e compassiva, pois é essa razão que nos move à ação. Portanto, faz-se mister construir uma nova ótica que nos abra para uma nova ética; colocar sobre nossos olhos uma nova lente para fazer nascer uma nova mente.

Temos de desenvolver urgentemente a capacidade de somar, de interagir, de religar, de repensar, de refazer o que foi desfeito e de inovar. Esse desafio se dirige a todos os especialistas, para que se convençam de que a parte sem o todo não é parte. Da articulação de todos esses cacos de saber redesenharemos o painel global da realidade a ser compreendida, amada e cuidada. Essa totalidade é o conteúdo principal da consciência planetária; esta sim, a era da luz maior que nos liberta da cegueira que nos aflige.

Ela será, como acenamos anteriormente, a *era geológica do ecoceno*, aquela que faz do ecológico, da natureza e da Mãe Terra o eixo estruturador de nossa vida pessoal e social dentro da Casa Comum. Será a única que poderá eficazmente se opor, corrigir ou, pelo menos, minimizar os efeitos negativos da *nova era geológica* oposta*, a do antropoceno*. Esta significa que a grande ameaça para o sistema-vida e para o sistema-Terra não vem de fora, de algum meteoro rasante, à semelhança daquele de 65 milhões de anos atrás; quando, caído no Caribe, dizimou todos os dinossauros.

Discute-se quando teria iniciado esta nova era geológica. Alguns opinam que seja com o advento da industrialização, pois esta implica uma sistemática intervenção nos ritmos da Terra e de seus ecossistemas, com as vantagens que traz e trouxe à vida humana, mas também com as desvantagens e ameaças advindas dela. Outros pensam que ela se iniciou com a utilização das duas bombas atômicas sobre o Japão em 1945, quando o ser humano forneceu os instrumentos de sua autodestruição.

Pouco importa. Basta reter que agora o meteoro rasante é o ser humano com sua atividade agressiva e irresponsável com referência à Terra como um todo e aos seus escassos bens e serviços naturais. A espécie humana se fez a destruidora do equilíbrio do planeta, a ponto de pôr em risco a biosfera e a existência de nossa civilização. Ao invés de anjo cuidador da natureza nos transformamos em seu satã.

É com esse transfundo geral que queremos abordar os temas ligados ao Brasil, à sua crise atual e às suas eventuais transformações. Elas não estão desconectadas às ameaças coletivas que se anunciam sobre o sistema-vida e o sistema-Terra. Mas continuamos provincianos, pensando que nossos problemas e crises estão decolados das questões mais globais que afetam o futuro comum e também o nosso.

Como o Brasil pode ajudar na travessia para a era ecozoica, com um novo paradigma de produção, de consumo, de convivência com toda a comunidade de vida, já que somos decisivos por causa de nossa riqueza ecológica para o devir de toda a humanidade? Uma visão mais larga de estadistas faz-se urgente. Não notamos em ninguém dos que perpetraram o golpe a presença desse tipo de consciência, enquanto em pensadores progressistas como os Irmãos Nobre, o Deputado Minc e Muniz Sodré, entre outros, estão conscientes e ativos para o tipo de colaboração que podemos dar ao futuro comum da Casa Comum e de nossa civilização.

Terceira parte
A regressão: mais um golpe de classe

I
Os equívocos e erros do PT e o sonho de Lula

Ao discutirmos o sonho de uma refundação do Brasil importa também ver a situação do PT, o que mais inclusão social realizou em nossa história. Na verdade, foi a única revolução pacífica que se fez no país, se tomarmos como definição aquela que Caio Prado Júnior deu no seu conhecido livro *A revolução brasileira* (1966), definição que deixa para trás a ideia convencional que associa revolução com violência:

> transformações capazes de reestruturar a vida do Brasil de maneira consentânea com suas necessidades mais gerais e profundas, e as aspirações da grande massa de sua população que, no estado atual, não são devidamente atendidas [...] algo que leve a vida do país por um novo rumo (p. 16).

As políticas sociais dos governos do PT vieram ao encontro das necessidades mais gerais da população pobre, conferindo um novo rumo ao país.

Entretanto, importa reconhecer que os governos Lula e Dilma operaram uma significativa distribuição de renda – especialmente aumentando os salários, entre outros benefícios –, mas não fizeram uma redistribuição de renda. Esta implica mexer nos mecanismos de apropriação de renda, quer dizer, tirar de quem tem demais e repassar para quem tem de menos. A tanto não chegou "a revolução brasileira", que, nesse sentido, ficou a meio-caminho. Não havia condições políticas para tal, trazendo consequências profundas.

Esse desiderato nunca ficou ausente na vigorosa movimentação das bases populares da sociedade discutindo que *Brasil queremos*, diferente daquele que herdamos. Ele deveria nascer de baixo para cima e de dentro para fora; democrático, participativo e libertário.

Com efeito, pela primeira vez, uma coligação de forças progressistas e populares, hegemonizadas pelo PT e aliados, vindo de baixo, chegou ao poder central. Ou um governo é sustentado em uma sólida base parlamentar ou é assentado no poder social dos movimentos populares organizados.

Aqui se impunha uma decisão. Na Bolívia, Evo Morales Ayma buscou apoio na vasta rede de movimentos sociais, de onde ele veio como forte líder. Conseguiu, lutando contra os partidos. Depois de anos, construiu uma base de sustentação popular, de indígenas, de mulheres e de jovens, a ponto de dar um rumo social ao Estado e lograr que mais da metade do Senado seja hoje composta por mulheres. Agora os principais partidos o apoiam e a Bolívia goza do maior crescimento econômico do continente.

Lula abraçou a outra alternativa: optou pelo parlamento, no ilusório pressuposto de que seria o atalho mais curto para as reformas que pretendia. Assumiu *o presidencialismo de coalizão*. Líderes dos movimentos sociais foram chamados a ocupar cargos no governo; enfraquecendo, em parte, a base popular.

Para Lula, mesmo mantendo ligação com os movimentos de onde veio, não via neles sustentáculo suficientemente forte para seu projeto, mas a coalizão pluriforme de partidos. Se tivesse observado um pouco a história, teria sabido do risco dessa política de coalizão que atualiza a política de conciliação de classes do passado, com os poderosos sempre de costas para o povo.

A coalizão se faz à base de interesses, com negociações, troca de favores e concessão de cargos e de verbas. A maioria dos parlamentares não representa o povo, mas os interesses dos grupos que lhes financiaram as campanhas. Todos, com raras exceções, falam do bem comum, mas é pura hipocrisia. Na prática, tratam da defesa dos bens particulares e corporativos. *Crer no atalho foi o sonho de Lula, que não pôde se realizar.*

Por isso, em seus oito anos, não conseguiu fazer passar nenhuma reforma, nem a política, nem a econômica, nem a tributária e muito menos a agrária. Por mais que o quisesse e tentasse, não havia base parlamentar para esse propósito.

A "Carta aos brasileiros", que na verdade era uma "Carta aos banqueiros", formulada por Antônio Palocci, obrigou Lula a se alinhar aos ditames da macroeconomia mundial. Ela deixava pouco espaço para as políticas sociais. Mas foram feitas, tirando da miséria 36 milhões de pessoas. Nessa economia, o mercado dita as normas, e tudo tem seu preço. Assim, parte da cúpula do PT, metida nessa coalizão, perdeu o contato orgânico com as bases, sempre terapêutico contra a corrupção. Boa parte da liderança do PT, instalada em Brasília, diferentemente das bases, traiu sua bandeira principal, que era a ética e a transparência.

Para aprovar seus projetos começou a mercantilizar as relações políticas, pagando para deputados votarem a favor do governo. O assim chamado "mensalão" foi fruto dessa estratégia perigosa e equivocada. Deu-se uma ruptura entre o Planalto (o governo e as lideranças partidárias no parlamento) e a planície (os movimentos sociais que garantiram a vitória de Lula) onde vive o povo, especialmente os mais sofridos e relegados à marginalidade.

Cabe, entretanto, reconhecer que no nível dos estados e dos municípios onde o PT governava, mantiveram-se os ideais fundadores, fazendo políticas com participação popular e voltadas para as demandas dos mais necessitados. Há belos exemplos no campo da educação e da saúde, nos quais, efetivamente, os mais vulneráveis foram os beneficiados. As lideranças eram populares e alimentaram relações de organicidade com os movimentos sociais. Mas tudo isso não ganhou visibilidade nem interessava à grande mídia conservadora dar relevância a esse tipo de política.

Mas em setores da cúpula ocorreu o que jamais o PT podia se permitir: entrar no jogo tradicional da política de negócios e negociatas. Tal estratégia levou à perda da bandeira da ética e da transparência que caracterizava o partido.

O que as multidões de 2013 reclamavam nas ruas e praças era: *desenvolvimento em primeiro lugar, e a seu serviço o crescimento (PIB)*. Crescimento é material; desenvolvimento é humano. Significa mais educação, mais hospitais de qualidade, mais saneamento básico, melhor transporte coletivo, mais segurança, mais acesso a cultura e lazer. Em outras palavras, mais condições de viver minimamente feliz, como humanos e cidadãos, e não como meros consumidores passivos de bens postos no mercado. Em vez de grandes estádios cujas entradas aos jogos são em grande parte proibitivas ao povo, mais hospitais, mais escolas, mais centros técnicos, mais cultura, mais inserção no mundo digital da comunicação.

O crescimento há de ser orientado para o desenvolvimento humano e social. Se não se alinhar a essa lógica, o governo se vê condenado a ser mais o gestor dos negócios do que o cuidador da vida de seu povo, das condições de sua alegria de viver e de sua admirada criatividade cultural.

As ruas estavam gritando por um *Brasil de gente*, e não *um Brasil de negócios e de negociatas*; por uma sociedade menos malvada devido às desigualdades gritantes; por relações sociais transparentes e menos escusas que escondem a praga da corrupção; por uma democracia na qual o povo é chamado a discutir e a decidir junto com seus representantes o que é melhor para o país.

Os gritos eram por humanidade, por dignidade, por respeito ao tempo das pessoas, para que não fosse gasto em horas perdidas nos péssimos transportes coletivos, mas liberado para o convívio com a família e os amigos, para a cultura ou para o lazer.

Pareciam dizer: "Recusamos ser animais famintos que gritam por pão; somos humanos, portadores de espírito e de cordialidade, que gritamos por beleza; só unindo pão com beleza viveremos em paz, sem violência, com humor e sentido lúdico e encantado da vida". O governo precisa dar essa virada. Tentou inicialmente, mas depois deixou-se tomar novamente pela política de conciliação. Se um governo não cuida de seu povo, este tem o direito de não dar paz aos governantes.

E nós, que tanta confiança depositávamos no novo, com as milhares de Comunidades Eclesiais de Base, as pastorais sociais e os grupos emergentes... Elas aprenderam articular fé e política. A mensagem originária de Jesus, de um reino de justiça a partir dos últimos e da fraternidade viável, apontava de que lado deveríamos estar: do lado dos oprimidos e dos invisíveis. A política seria uma mediação para alcançar tais bens para todos. Por isso, centenas de CEBs não entraram no PT, mas fundaram células dele e grupos como instrumento para a realização desse sonho.

O partido cometeu um equívoco de graves consequências: aceitou, sem mais, a opção de Lula pelo problemático presidencialismo de coalizão. Deixou de se articular organicamente com as bases, de formar politicamente seus membros e de suscitar novas lideranças.

E aí veio a corrupção do já referido "mensalão", sobre o qual se aplicou uma justiça duvidosa que a história um dia tirará a limpo. O "petrolão" – pelos números altíssimos da corrupção, inegável, condenável e vergonhosa; praticamente envolvendo todos os principais partidos, e não só o PT, como se queria sugerir – desmoralizou parte do PT e parte das lideranças, atingindo o coração do partido.

O PT deve ao povo brasileiro uma autocrítica nunca feita integralmente. Para se transformar numa fênix que ressurge das cinzas, deverá voltar às bases e, junto com o povo, reaprender a lição de uma nova democracia participativa, popular e justa, que poderá resgatar a dívida histórica que os milhões de oprimidos ainda esperam desde a colônia e a escravidão.

A refundação do Brasil que postulamos exige, antes, uma refundação dos ideais do PT. Sem essa conversão ao primeiro amor, o PT patinará sobre argumentos de autodefesa e pouco contribuirá para o sonho de um outro tipo de Brasil. Mas temos esperança de que chegará esse momento político de lucidez e ele voltará a reerguer a bandeira da transparência contra a corrupção.

Apesar de tudo, quer queiramos ou não, o PT representa, como disse o ex-presidente uruguaio Pepe Mujica, quando esteve entre nós, "a alma das grandes maiorias empobrecidas e marginalizadas do Brasil". Essa alma luta por sua libertação e o PT, apesar de suas contradições e a falta de uma autocrítica pública, continua sendo seu mais imediato instrumento.

O povo percebeu a relevância de um partido que saiu do meio dele. Por mais que haja detratores que o critiquem, desmoralizem e o ofendam, é, pela sondagem dos grandes jornais, o partido preferido pela maioria do povo. Lula tem o maior quociente de adesão para ser novamente presidente, deixando os demais partidos e seus líderes em níveis, diria, irrisórios.

A campanha eleitoral de 2014 foi marcada por muita raiva e ódio que tomou conta da sociedade; ódio contra o PT, contra os pobres, contra os nordestinos, contra os LGBT e outros. Tal antifenômeno se replicou durante a disputa entre os candidatos.

Houve erros em ambos os lados: do lado do poder dominante como do lado das oposições. Todos, de alguma forma, foram vítimas de marqueteiros, especialistas em inventar metáforas, ocultar erros, exagerar verdades e distorcer a visão do outro. Na verdade, não deveria haver marqueteiros; cada candidato se exporia assim como é, e não maquiado pelo moderno *marketing* político.

Eles fazem aquilo que Henry Kissinger, o discutido secretário de Estado dos Estados Unidos no tempo da Guerra Fria, dizia com humor: "Nossos embaixadores são pessoas que enviamos aos vários países para mentirem em nosso favor". O marqueteiro é mais ou menos isso: inventa, quando não distorce, em favor de seu candidato que lhe paga fortunas para fazer um trabalho ambíguo; e não raro, sujo.

Vitorioso, o governo de Dilma Rousseff não conseguiu manter o impulso renovador legado por Lula. Sofreu, desde o início, rigorosa oposição, nem sempre dentro de parâmetros republicanos e éticos. Ela mesma vem da administração de grandes projetos e mostrou pouca apetência ao tipo de política tradicional no Brasil, feita de muita conversa, de busca de vantagens partidárias e, não raro, de verdadeiras negociatas.

Sua inteireza ética a impedia de aceitar esse jogo. Isso ficou claro no segundo mandato. Aécio Neves do PSDB foi extremamente infeliz e antidemocrático em não reconhecer a derrota. E mais, afirmando que criaria tantos obstáculos a seu governo que a impediria de governar. Aqui, a fome de poder falou mais alto do que os interesses do povo. Já aí Aécio começou a articular um processo de *impeachment*. Encontrou um aliado astuto e perverso em seus métodos: o presidente da Câmara dos Deputados, Eduardo Cunha. Este, com seus projetos-bomba e suas tentativas de trazer a presidenta para as suas tramoias, radicalmente rechaçadas por ela, tornou-se o principal artífice da aprovação do *impeachment* da Presidenta Dilma Rousseff. Encontrou um aliado propício à traição e promotor do golpe na pessoa do Vice-presidente Michel Temer, personalidade fraca, sem qualquer carisma e tomado por visível vaidade pessoal.

E então veio o golpe parlamentar, jurídico-midiático que ainda abordaremos. Toda a atmosfera política ficou conturbada. A desmontagem sistemática das políticas sociais, por parte dos golpistas, levadas a efeito pelos governos Lula e Dilma, produziu uma espécie de paralisia geral, dado o grau de desfaçatez e verdadeira agressão ao povo brasileiro; mormente aos mais pobres. De repente, viram sua situação mudada. Os que conseguiram certa ascensão social voltaram a ser pobres e os pobres caíram na miséria, da qual haviam finalmente saído. *Et erat videre miseriam* (e era de se ver a miséria), como escreveu um cronista espanhol, relatando o extermínio de indígenas no México do século XVI.

Mas a esperança de que haja uma reviravolta não morreu. É uma esperança contra a esperança.

II
2016: GOLPE DE CLASSE COM USO DO PARLAMENTO E DO COMPLEXO JURÍDICO-MIDIÁTICO

Há uma lógica perversa que caracteriza a República brasileira, descrita por vários historiadores. De tempos em tempos, quando se dá uma melhoria das classes populares, ocorre um golpe de Estado praticado pelas oligarquias endinheiradas que se sentem ameaçadas.

Com os governos progressistas de viés popular de Lula e Dilma foram despertados os temores dos históricos golpistas. Estes, usando o parlamento e o complexo jurídico-policial-midiático, deram um golpe de classe. Praticaram o que outras vezes já haviam praticado: uma ruptura com a democracia que, aliás, nunca a apreciaram. Para concretizar seu propósito de rapinagem do bem público, sempre se deram bem com governos fortes ou explicitamente conservadores e ditatoriais.

1 Quando se tentou matar a esperança do povo brasileiro

O que ocorreu com o golpe e os ajustes antipopulares que se fizeram em seguida, sem qualquer diálogo com a sociedade, teve como consequência uma onda de ódio, separando até famílias e opondo amigos, um generalizado desencanto e também uma perda de horizonte de esperança.

Parece que se tentou maliciosamente matar a esperança do povo brasileiro, promovida por uma corja (esse é o nome) de políticos – em sua grande maioria corruptos ou acusados de tal –, que, de forma desavergonhada, se pôs a serviço dos verdadeiros forjadores do golpe perpetrado contra a Presidenta Dilma Rousseff: a velha oligarquia do dinheiro, das finanças e do privilégio. Ela jamais aceitou que alguém do andar de baixo chegasse a ser presidente do Brasil e fizesse a inclusão social de milhões dos filhos e filhas da pobreza ou descendentes da senzala.

Declarou, numa entrevista recente, em 2017, um dos mais conceituados analistas políticos, Moniz Bandeira:

> O Governo Temer, que só conta com a simpatia de cerca de 3% da população, realiza reformas para as quais não teve mandato. O Congresso, corrompido e desmoralizado, assumiu poderes constituintes com os quais não foi eleito. Nada do que ocorreu e está a ocorrer é constitucional. Nada tem legitimidade. E o golpe de Estado foi dado exatamente para a execução de tais reformas: trabalhista, previdenciária, terceirização, redução do Estado, com a venda das empresas públicas, impedir os gastos públicos por 20 anos etc. E as forças econômicas, nacionais e estrangeiras, que estão por trás do presidente de fato, Michel Temer, e do seu sinistro ministro da Fazenda, o banqueiro Henrique Meirelles, farão tudo para que não haja retrocesso na execução

e o ofendam, é, pela sondagem dos grandes jornais, o partido preferido pela maioria do povo. Lula tem o maior quociente de adesão para ser novamente presidente, deixando os demais partidos e seus líderes em níveis, diria, irrisórios.

A campanha eleitoral de 2014 foi marcada por muita raiva e ódio que tomou conta da sociedade; ódio contra o PT, contra os pobres, contra os nordestinos, contra os LGBT e outros. Tal antifenômeno se replicou durante a disputa entre os candidatos.

Houve erros em ambos os lados: do lado do poder dominante como do lado das oposições. Todos, de alguma forma, foram vítimas de marqueteiros, especialistas em inventar metáforas, ocultar erros, exagerar verdades e distorcer a visão do outro. Na verdade, não deveria haver marqueteiros; cada candidato se exporia assim como é, e não maquiado pelo moderno *marketing* político.

Eles fazem aquilo que Henry Kissinger, o discutido secretário de Estado dos Estados Unidos no tempo da Guerra Fria, dizia com humor: "Nossos embaixadores são pessoas que enviamos aos vários países para mentirem em nosso favor". O marqueteiro é mais ou menos isso: inventa, quando não distorce, em favor de seu candidato que lhe paga fortunas para fazer um trabalho ambíguo; e não raro, sujo.

Vitorioso, o governo de Dilma Rousseff não conseguiu manter o impulso renovador legado por Lula. Sofreu, desde o início, rigorosa oposição, nem sempre dentro de parâmetros republicanos e éticos. Ela mesma vem da administração de grandes projetos e mostrou pouca apetência ao tipo de política tradicional no Brasil, feita de muita conversa, de busca de vantagens partidárias e, não raro, de verdadeiras negociatas.

Sua inteireza ética a impedia de aceitar esse jogo. Isso ficou claro no segundo mandato. Aécio Neves do PSDB foi extremamente infeliz e antidemocrático em não reconhecer a derrota. E mais, afirmando que criaria tantos obstáculos a seu governo que a impediria de governar. Aqui, a fome de poder falou mais alto do que os interesses do povo. Já aí Aécio começou a articular um processo de *impeachment*. Encontrou um aliado astuto e perverso em seus métodos: o presidente da Câmara dos Deputados, Eduardo Cunha. Este, com seus projetos-bomba e suas tentativas de trazer a presidenta para as suas tramoias, radicalmente rechaçadas por ela, tornou-se o principal artífice da aprovação do *impeachment* da Presidenta Dilma Rousseff. Encontrou um aliado propício à traição e promotor do golpe na pessoa do Vice-presidente Michel Temer, personalidade fraca, sem qualquer carisma e tomado por visível vaidade pessoal.

E então veio o golpe parlamentar, jurídico-midiático que ainda abordaremos. Toda a atmosfera política ficou conturbada. A desmontagem sistemática das políticas sociais, por parte dos golpistas, levadas a efeito pelos governos Lula e Dilma, produziu uma espécie de paralisia geral, dado o grau de desfaçatez e verdadeira agressão ao povo brasileiro; mormente aos mais pobres. De repente, viram sua situação mudada. Os que conseguiram certa ascensão social voltaram a ser pobres e os pobres caíram na miséria, da qual haviam finalmente saído. *Et erat videre miseriam* (e era de se ver a miséria), como escreveu um cronista espanhol, relatando o extermínio de indígenas no México do século XVI.

Mas a esperança de que haja uma reviravolta não morreu. É uma esperança contra a esperança.

do seu projeto, modelado pelo Consenso de Washington.

Obviamente, há políticos valorosos e éticos, bem como empresários da nova geração, progressistas, que pensam no Brasil e em seu povo. Mas esses não conseguiram ainda acumular força suficiente para dar outro rumo ao Brasil e um sentido social ao Estado vigente, de cariz neoliberal e patrimonialista.

Ao se referir à corrupção, todos pensam logo na Lava Jato e na Petrobras, o que não é errado. Mas esquecem ou lhes é negada, intencionalmente pela mídia conservadora e legitimadora do *establishment*, a outra corrupção, muito pior, revelada exatamente no Dia de Natal de 2016, que, junto com o nascimento de Cristo, narra-se a matança de meninos inocentes pelo Rei Herodes.

Herodes é hoje atualizado pelos corruptos que delapidam o país: os fraudadores de impostos devidos ao Estado e os milionários desvios de recursos da União (*O Estado de S. Paulo*, 25/12/2016).

Wagner Rosário, secretário do Ministério da Transparência, revela-nos que, nos últimos treze anos, esquemas de corrupção, de fraudes e desvios de recursos da União, repassados aos estados, municípios e ONGs, e direcionados a pequenos municípios com baixo Índice de Desenvolvimento Humano, podem superar um milhão de vezes o rombo na Petrobras descoberto na Lava Jato. São *4 bilhões*, mas camuflados, que podem se transformar, num estudo econométrico, em *1 trilhão* de reais. As áreas mais afetadas são a saúde (desvio de verbas e falsificação) e a educação (roubo de merenda e abandono das escolas). A CPI do Senado, de outubro de 2017, revelou que grandes empresas deixaram de pagar mais de 500 bilhões de reais ao INSS, o mais que suficiente para resolver os problemas da Previdência Social, segundo o Senador Paim, coordenador da CPI.

Diz o secretário do Ministério da Transparência, acima referido: "A gente chama isso de *assassinato da esperança*. Quando você retira merenda de uma criança, você tira a possibilidade de crescimento daquele município a médio e a longo prazos. *É uma geração inteira que você está matando*".

A nação precisa saber dessa matança de um verdadeiro Herodes moderno, e não se deixar enganar por aqueles que ocultam, controlam e distorcem as informações porque são antissistêmicas ou contrárias aos interesses dos endinheirados.

Mas não se pode viver só de desgraças que macularam grande parte do fatídico ano do golpe de 2016. Voltemo-nos para aquilo que nos permite viver e sonhar: a esperança.

Para entender a esperança precisamos ultrapassar o modo comum de vermos a realidade. Pensamos que a realidade é o que está aí, dado e feito. Esquecemos que o dado é sempre feito, e não é todo o real. O real é maior. Também pertence ao real o potencial, o que ainda não é e que pode vir a ser. Esse lado potencial se expressa pela utopia, pelos sonhos, pelas projeções de um mundo melhor. É o campo onde floresce a esperança.

Ter esperança é crer que esse potencial pode se transformar em real, não automaticamente, mas pela prática humana. Portanto, a utopia que alimenta a esperança não se antagoniza com a realidade. Ela revela seu lado potencial, o abscôndito que quer vir para fora e fazer história.

Faço meu o lema do grande cientista e físico quântico Carl Friedrich von Weizsäcker, cientista que, junto com Werner Heisenberg, foi encarregado por Hitler de construir a bomba atômica. Ao dar-se conta dos efeitos letais para a humanidade, ambos retardaram o mais que puderam a pesquisa, para que o artefato nuclear não fosse construído e usado, ameaçando toda a civilização e parte do sistema-vida. Efetivamente os americanos chegaram antes, bombardearam Hiroshima e Nagasaki, inaugurando pelo horror que representou uma nova era, a da capacidade de autodestruição da espécie humana.

Carl Friedrich von Weizsäcker criou no pós-guerra uma sociedade dedicada à paz, à proteção da natureza e à proibição de armas nucleares. Sempre repetia em suas palestras: *"Não anuncio otimismo, mas esperança"*.

Esperança é um bem escasso hoje no mundo inteiro e especialmente no Brasil. Os que mudaram ilegitimamente os rumos do país, impondo um ultraliberalismo, estão assassinando a esperança do povo brasileiro. As medidas tomadas só penalizam as grandes maiorias que veem as conquistas sociais e históricas sendo literalmente desmanteladas.

Aqui nos socorre o já citado filósofo alemão Ernst Bloch, que introduziu o "princípio-esperança". Esta, a esperança, é mais do que uma virtude entre outras; é um motor que temos dentro de nós e que alimenta todas as demais virtudes, lançando para frente, suscitando novos sonhos de uma sociedade melhor e a coragem de realizá-los.

Essa esperança fornecerá as energias para a população afetada poder resistir, sair às ruas, protestar e exigir mudanças que façam bem ao país, a começar pelos que mais precisam.

Valem as palavras do sábio Riobaldo de Guimarães Rosa em *Grande sertão veredas*: "Com Deus existindo, *tudo dá esperança*, o mundo se resolve [...]. Tendo Deus, é menos grave se descuidar um pouquinho, pois no fim, dá certo. Mas se não tem Deus, então a gente não tem proibição para coisa nenhuma".

Ter fé é ter saudades de Deus. Ter esperança é saber que Ele está ao nosso lado, ainda que invisível, fazendo-nos esperar contra toda a esperança. A esperança nos capacita para a indignação contra uma realidade que nega nossa vida e nossos valores. Mas ela, mais do que tudo, nos dá a coragem para modificar a situação e rasgar um caminho novo.

Nos dias atuais, tanto em nível mundial quanto em nível nacional, precisamos nos indignar contra uma cultura da morte, da devastação da natureza e da humilhação dos seres humanos, especialmente dos mais vulneráveis. Importa ter a coragem para o compromisso de mudança e de transformação. Assim como está, o mundo e o Brasil não nos agradam, nem a Deus. Temos de mudar, se quisermos sobreviver a eventuais catástrofes no quadro da nova era geológica do *antropoceno*, na qual o ser humano comparece como aquele que conduz uma guerra total contra a Terra viva, em todas as frentes, no afã de arrancar-lhe todos os bens e serviços, úteis para o seu enriquecimento e consumo ilimitado. Mal sabe ele que nessa guerra não tem chance alguma de ganhar, pois nós precisamos da Terra, enquanto a Terra não precisa de nós. Ela pode continuar seu curso dentro da evolução, mas sem a nossa presença.

III
A RECONQUISTA DO PODER PELA CLASSE DOMINANTE

O golpe de classe via parlamento, com apoio de parte da Justiça, do Ministério Público e da Polícia Federal, gerou uma cadeia de outros golpes; desta vez, com especial atropelo da Constituição, da democracia e dos direitos sociais, especialmente dos trabalhadores, dos professores e dos aposentados.

Os golpes são contra a diversidade populacional, não mais representada no governo; golpe na cultura; golpe na ciência e na inovação; golpe na saúde; golpe nos direitos sociais; golpe na aposentadoria; golpe judicial; e, por fim, golpe no sistema eleitoral.

Eles não precisaram colocar tanques nas ruas. Bastou-lhes o complexo parlamentar, jurídico e policial, especialmente da mídia empresarial, coisa prevista nas estratégias do Pentágono ao inviabilizar governos progressistas, consoante testemunho de Muniz Bandeira.

Encontraram um magistrado, educado fora do país, para desempenhar essa nova tipologia de golpe parlamentar, o juiz federal de primeira instância Sérgio Moro, assessorado por uma equipe de promotores jovens e narcisistas, com viés fundamentalista, imbuídos de convicções messiânicas de limpar o país da corrupção, vendo-a concentrada principalmente num partido, no PT. Inicialmente se desinteressaram com demasiada facilidade pelos demais partidos, com não menos atos de corrupção. Mais tarde, chegaram a eles, especialmente ao PMDB, que, junto com o presidente, elaboraram uma estratégia para saquear o erário público. Grande parte do ministério é constituída por membros desse partido. Eles são acusados de corrupção ou indiciados, primando Eduardo Cunha, que tramou o processo de deposição da Presidenta Dilma Rousseff. Poupado foi o PSDB, dando parecer que a Lava Jato existia para abrir caminho a esse partido chegar ao poder sem passar pelo veredicto popular, na forma de um verdadeiro golpe civil parlamentar.

Mas o foco principal da fúria condenatória do Juiz Sérgio Moro se dirigiu à figura referencial do Ex-presidente Lula, aos demais ex-ministros e ao PT como um todo.

O novo dessa pantomima política é a desfaçatez do juiz e dos policiais de passar por cima de direitos, consagrados na constituição e em todo o mundo, como a presunção de inocência, a prisão preventiva e, por vezes, coercitiva, sem qualquer necessidade e aviso-prévio, vazamento intencional e irresponsável de gravações, sequer respeitando a suprema autoridade do país, como foi o caso da Presidenta Dilma Rousseff, a delação premiada, conseguida sob forte coação psicológica e especialmente a perversa espetacularização das ações policiais, avisando previamente determinados meios de comunicação massivos, já em conluio com esses desmandos.

Entre muitas razões subjacentes a esse golpe, cabe enfatizar especialmente duas. A primeira é o ódio que a classe dominante revela e sempre alimentou contra a população pobre e negra. Confirma-o grande historiador e acadêmico José Honório Rodrigues:

> a maioria foi sempre sofrida e sempre viu desfeita sua esperança de melhoria [...] as oligar-

quias negaram ao pobre seus direitos, arrasaram sua vida, conspiraram para colocá-lo de novo na periferia, no lugar que continua achando que lhe pertence (*Conciliação e reforma no Brasil*, 1982a: 14 e 31).

Repetia o mesmo historiador José Honório Rodrigues, a frase de Capistrano de Abreu, nosso primeiro historiador mulato, que ao sair do regime colonial, "o povo foi capado e recapado, sangrado e ressangrado" pelas oligarquias. Esse processo de ódio e exclusão se revelou poderosamente durante as eleições de 2014 e se prolonga até os dias atuais. Esse patronato mostrou o lado sombrio da famosa "cordialidade" brasileira, já notada por Sérgio Buarque de Holanda. Do coração (de onde vem cordial) não saem apenas a benquerença e a bondade do brasileiro; deriva-se também do mesmo coração o ódio, o desprezo e a humilhação. Pois essa ganhou corpo praticamente no Brasil inteiro, incentivada, em parte, pela mídia antipovo.

Ocorre que um representante desses odiados e condenados da Terra, que não foi educado na escola do faraó, chegou a ser presidente e transformou profundamente a vida de milhões de miseráveis e pobres.

Isso é intolerável para o grupo oligárquico, habituado a ocupar o Estado e seus aparatos, não em vista do bem de todos, mas de seus interesses corporativos. – Lula e seus assemelhados são odiados por isso. Sempre estiveram do lado de regimes de força que lhes garantia espantosa acumulação, uma das mais altas do mundo, segundo o Banco Mundial. Jamais entenderam o poder como expressão jurídico-política da soberania de um povo, mas como meio de dominação em função do enriquecimento. Sérgio Moro, infelizmente, forneceu o enquadramento jurídico seletivo e distorcido para dar vazão a esse ódio de classe.

A segunda razão que cabe ser ressaltada é a estratégia de reconquista por parte das oligarquias, aquele punhado de famílias de super-ricos que controlam grande parte da renda nacional e que possuem imenso poder econômico, político e midiático. Visaram sempre voltar ao lugar que ocuparam por séculos, mas que, agora, com a situação histórica mudada e com uma nova consciência política dos movimentos sociais e dos sindicatos, jamais chegariam por via democrática, expressa pelo voto popular. O caminho que excogitaram foi um golpe parlamentar, mediante uma esdrúxula interpretação do texto da Constituição que trata da eventual destituição do presidente, no caso, da Presidenta Dilma Rousseff.

Essas oligarquias representam a ordem e a cultura do capital, cruel e desumano, que nunca mostraram solidariedade para com as grandes maiorias sofredoras. Praticaram e praticam uma economia altamente concentradora e predatória de bens e serviços naturais. O passivo ambiental que seu modo de produção gera é considerado uma externalidade inevitável. Mas ela implica uma dupla injustiça: uma *social,* produzindo pobreza, e outra *ecológica*, poluindo o ar e as águas, devastando florestas e ecossistemas. Eximem-se de responsabilidade por essas externalidades, jogando ao Estado o ônus de sua reparação.

Um grupo deles ainda pratica trabalho de tipo escravo, levando os trabalhadores a um verdadeiro extermínio físico e psicológico, como vem sendo aprovado por uma portaria do Ministério do Trabalho, sob protesto do mundo inteiro. O Brasil foi o último a proclamar a abolição da escravatura e o primeiro a reintroduzi-la em pleno século XXI, para vergonha internacional.

Com o golpe parlamentar, esses donos do dinheiro e do controle do campo político, voltaram para realizar a sonhada reconquista, só possível mediante uma interpretação distorcida de preceitos constitucionais e sem passar pelo processo eleitoral. Aplicam medidas neoliberais das mais deslavadas, enxovalhando a inteligência brasileira. E o fazem com furor, apoiados que se sentem por uma justiça de exceção e pela mídia conservadora e golpista.

IV
O *IMPEACHMENT* DA PRESIDENTA DILMA ROUSSEFF COMO REPETIÇÃO DA TRAGÉDIA BRASILEIRA

Em que consiste essa tragédia? Nesse fato: sempre que o povo, os pobres, seus movimentos e seus líderes carismáticos irrompem no cenário político, surgem as velhas oligarquias do dinheiro que carregam dentro de si o arquétipo da casa grande para negar-lhes direitos, conspirar contra eles, difamar e criminalizar suas lideranças, empurrá-los para as periferias de onde nunca deveriam ter saído. Aos negros, aos índios, aos quilombolas, aos pobres, também às mulheres, vítimas do machismo residual de nossa cultura e a outros discriminados como os LGBT, são negados reconhecimento e dignidade. E, contudo, constituem a grande maioria do povo brasileiro.

Diante deles, as oligarquias e, em geral, os conservadores e até reacionários, mostram-se cruéis e sem piedade, apoiados por uma imprensa empresarial sem vínculo com a verdade, pois, com frequência, distorce os fatos e mente.

O que é intolerável para a classe dominante é a liderança carismática que Lula irradia, reconhecida internacionalmente. O que mais lhes dói é dar-se conta de que ele, Luiz Inácio Lula da Silva, é muito mais inteligente do que eles e que seu governo fez mais transformações do que eles em todo o tempo em que estiveram no poder.

Com Lula, o povo ganhou centralidade e o considera o maior presidente que este país já teve, terminando seu mandato com 86% de aprovação, considerado até o melhor presidente que nossa história republicana conheceu. Com frequência, ouve-se de suas bocas: "Foi um presidente que sempre pensou em nós, os pobres, e que implantou políticas sociais que não apenas melhoraram nossas vidas, mas nos devolveram dignidade. Éramos invisíveis, agora podemos aparecer".

A conflagração política, a partir do segundo mandato de Dilma Rousseff, que atingiu níveis odientos de expressão, nasce dessa mudança operada no andar de baixo, negada pelos do andar de cima. Estes escandalizam o mundo por sua riqueza, egoísmo e poder.

Jessé Souza, ex-presidente do Ipea, revelou recentemente que o topo da pirâmide social brasileira é composta por cerca de 71.440 milhardários, representando apenas 0,05% da população adulta do país, com uma renda mensal de cerca de 600 mil reais. São beneficiados por isenções de impostos sobre lucros e dividendos, enquanto os trabalhadores pagam pesados encargos fiscais.

Esses endinheirados possuem sua expressão política nos partidos conservadores. Não se livram da síndrome de vira-latas, porque não conseguem ser aquilo que gostariam de ser: sócios, ainda que meros agregados, do projeto-mundo hegemonizado pelos Estados Unidos. O que lamentam mesmo é não ter nascido nos Estados Unidos. Mas pelo menos, muitos deles possuem suas mansões em Miami e passam longas temporadas em Nova York, quando não em Paris.

Eles não negam a democracia, pois seria vergonhoso demais. Mas a querem de baixa intensidade, um Estado democrático *não de direito*, mas de *privilégio*, Estado patrimonialista que lhes permite o enriquecimento, ocupando altas funções de governo e controlar os órgãos reguladores pelos quais garantem seus interesses corporativos.

O grosso do PSDB e do PMDB (graças a Deus, neles há pessoas honradas que pensam no Brasil, e não só nas próprias vantagens), sem citar outros partidos menores, inscrevem-se dentro desse arco político de uma modernidade atrasada e antipopular.

Ao contrário, os grupos progressistas que ganharam corpo no PT e nos seus aliados, postulam um Brasil autônomo, com projeto nacional próprio que resgate a multidão dos injustamente deserdados, com políticas sociais consistentes apontando para uma maior emancipação. Esses ocuparam por 13 anos o Estado, mas sempre cercado por uma espécie de matilha de cães raivosos que querem liquidá-los, como, aliás, conseguiram com o golpe parlamentar.

Estes que, com o afastamento do PT e da Presidenta Dilma pensavam salvar o país da grave crise, agravaram-na em todos os itens. Com eles tudo piorou. Deram um tiro no pé e não sabem como se livrar do desastre que provocaram, impondo inescrupulosamente uma carga muito pesada ao mundo do trabalho e àqueles que da pobreza caíram na miséria e da miséria voltaram à indigência.

Como não lhes importa a democracia – apenas aquela de sua conveniência –, passam por cima de leis e normas constitucionais para arrebatar o poder central que não conseguiriam jamais conquistar pelo voto. Não é de se admirar que o PSDB, com sua notória arrogância, cuja base social é a classe média conservadora, esteja se diluindo internamente, por não manter ligação orgânica com o povo e seus movimentos e sustentar um projeto de um neoliberalismo radical, inexistente nessa intensidade, em outros países da área da ordem do capital.

Eles, coadjuvados por outros, articularam um golpe parlamentar e renovaram a tragédia política brasileira, como foi com Vargas e com Jango, culminando com a ditadura militar. Agora, no lugar dos tanques e das baionetas, funcionam as tramoias parlamentares, forjando uma argumentação irrisória e juridicamente insustentável, apresentada por uma advogada de irrisão, paga para fazer suas acusações, mas que finalmente conseguiu afastar a presidenta. A repressão por parte da Polícia Militar a manifestantes pacíficos se assemelhou em violência àquela de 1964, até com a utilização de armas de fogo. A tragédia brasileira novamente se consumou.

V
1964: GOLPE DE CLASSE COM USO DA FORÇA MILITAR; 2016: NOVO GOLPE DE CLASSE COM USO DO PARLAMENTO

Entre o golpe de 1964 e o golpe de 2016 há uma conaturalidade estrutural. Ambos são golpe de classe, dos donos do dinheiro e do poder: o primeiro usou os militares; o outro, o parlamento. Os meios são diferentes, mas o resultado é o mesmo: um golpe com a ruptura democrática e violação da soberania popular.

Vejamos o golpe de 1964. René Armand Dreifuss, em sua monumental tese na Universidade de Glasglow: *1964: a conquista do Estado* – um livro de 814 páginas das quais 326 são de documentos inéditos – deixou claro: "O que houve no Brasil não foi um golpe militar, mas um golpe de classe com uso da força militar" (p. 397).

O assalto ao poder de Estado foi tramado pelo General Golbery de Couto e Silva, utilizando-se de quatro instituições que difundiam a ideia do golpe: o Instituto de Pesquisas e Estudos Sociais (Ipes), o Instituto Brasileiro de Ação Democrática (Ibad), o Grupo de Levantamento de Conjuntura (GLC) e a Escola Superior de Guerra (ESG). O objetivo manifesto era "readequar e reformular o Estado" para que fosse funcional aos interesses do capital nacional e transnacional. Eis o caráter de classe do golpe:

O assalto ao Estado se deu em 1964 e violentamente em 1968 – com o AI-5 –, com repressão, tortura e assassinatos. O regime de Segurança Nacional passou a significar o Regime de Segurança do Capital.

Em relação ao golpe de 2016 tivemos uma minuciosa investigação do sociólogo e ex-presidente do Ipea, Jessé Souza (*A radiografia do golpe* – Entenda como e por que você foi enganado, 2016). Semelhante ao golpe de 1964, Jessé desvela os mecanismos que permitiram a elite do dinheiro a ser a "mandante" do golpe, realizado em seu nome pelo parlamento. Portanto, trata-se de um golpe de classe e parlamentar. Esse estudo de Jessé foi completado com outra obra: *A elite do atraso* – Da escravidão à Lava Jato (2017).

Jessé enfatiza "que todos os golpes, inclusive o atual, são uma fraude bem-perpetrada dos donos do dinheiro, que são os reais 'donos do poder'". Quem compõe essa elite?

> A elite do dinheiro é antes de tudo a elite financeira que comanda os grandes bancos, os fundos de investimento e as grandes fortunas e que lidera outras frações de endinheirados, como a do agronegócio, da indústria (Fiesp) e do comércio, secundadas pelos meios de comunicação que distorcem e fraudam sistematicamente a realidade social como se fosse "terra arrasada e país falido", escondendo os interesses corporativos por trás da fraude golpista.

O motor de todo o processo, reafirma Jessé, é "a voracidade da elite do dinheiro de se apropriar da riqueza coletiva sem peias, com outros sócios, como a mídia ultraconservadora, o complexo jurídico-policial do Estado e parcela do STF".

O processo de *impeachment* foi parar no Senado. Este promoveu a destituição da Presidenta Dilma por crime de responsabilidade fiscal. Os principais juristas e economistas, além de notáveis testemunhas nas oitivas e os relatórios oficiais de várias instituições – até mesmo do próprio Senado –, negaram rotundamente a existência de irresponsabilidade. A maioria dos senadores nem se deu ao respeito de ouvir as oitivas de especialistas altamente qualificados, pois já havia tomado previamente a decisão de depor a presidenta.

O áudio vazado entre Romero Jucá, ministro do Planejamento, e o ex-diretor da Transpetro, Sérgio Machado, revela a tramoia: "Botar o Michel num grande acordo nacional com o Supremo e com tudo; aí para tudo [...] e estanca a sangria da Lava Jato". Um dos motivos do golpe era também livrar do braço da justiça os 49 senadores, dos 81, indiciados ou metidos em corrupção. Dessa forma, com exceção de alguns valorosos defensores de Dilma, do PT, do PCdoB e do PSB, esse tipo de políticos, sem moral, decidiu depor uma mulher honesta e inocente, eleita democraticamente.

Condenar sem crime é golpe; golpe de classe e parlamentar. Golpe significa violar a Constituição e trair a soberania popular por força da qual Dilma Rousseff se elegeu com mais de 54 milhões de votos.

Ontem, em 1964, e atualmente, em 2016, seja por via militar, seja por via parlamentar, funciona a mesma lógica: as oligarquias econômico-financeiras e a casta política conservadora praticam a rapinagem de grande parte da renda, contra a vida e o bem-estar da maioria do povo, submetido à pobreza.

Boa parte do Congresso é cúmplice desse golpe. Nele majoritariamente vigora a mesma intencionalidade estrutural de garantir o *status quo*, que favorece seus privilégios e seus ganhos.

O projeto do PMDB "Uma ponte para o futuro", de um deslavado neoliberalismo de enrubescer, revela o propósito do golpe: reduzir o Estado, arrochar salários, liquidar com a política de valorização do salário, cortar gastos com os programas sociais, privatizar empresas estatais, especialmente o pré-sal, desvincular despesas obrigatórias da saúde e da educação, reduzir ao mínimo tudo o que tem a ver com a cultura, direitos humanos, mulheres e minorias. O ministério é constituído por brancos, velhos, ricos e em grande parte acusados de corrupção. Inicialmente não havia mulheres, negros nem representantes das minorias. Somente depois, sob a crítica dos movimentos, colocaram algumas mulheres em algumas funções.

Vivenciamos um espantoso retrocesso político-social, agravando a desigualdade, nossa perversa chaga social, e esvaziando as conquistas sociais de 13 anos dos governos de Lula e Dilma.

É de se lamentar que foi criada no povo tanta perplexidade e tanto desencanto, que ele mal tem reagido, indo para as ruas e praças. E aqueles que o fizeram, não raro – como ficou claro numa grande manifestação em Brasília, no ano de 2017 –, foram agredidos por policiais militares, até com armas de fogo.

A solução seria uma séria reforma política, seguida de eleições diretas, pelas quais se escolheria um novo presidente que de fato representasse os interesses gerais do país. No fim das contas, é disso que se trata, como formulou suscintamente Jessé Souza:
> o Brasil é palco de uma disputa entre esses dois projetos: o sonho de um país grande e pujante para a maioria; e a realidade de uma elite da rapina que quer drenar o trabalho de todos e saquear as riquezas do país para o bolso de meia dúzia [...]. A elite do dinheiro manda pelo simples fato de poder "comprar" todas as outras elites.

Essa lógica funcionou em 1964 e novamente em 2016. Mas ela seguramente será rompida pela emergência de uma consciência de cidadania de base popular, capaz de enquadrar os endinheirados no interior de uma democracia minimamente decente e justa; democracia ampliada, participativa e socioecológica.

VI
DA RECESSÃO ECONÔMICA À DEPRESSÃO PSICOLÓGICA

Encontramo-nos numa situação generalizada de crises sobrepostas umas às outras e num ambiente de caos. Atualmente vigora a oportunidade de fechar o ciclo de um tipo de política que nos vem desde a colônia, fundado na conciliação entre si das classes abastadas e sempre desconsiderando o povo, hoje atualizada pelo presidencialismo de coalizão. É o momento de se pensar numa refundação do Brasil.

Parece que esse modelo de fazer política e de organizar o Estado, controlado por essas classes e que implica grandes negociatas e muita corrupção, não pode ser levado adiante. A Lava Jato, com todos os seus desvios, teve o mérito de desmascarar esse mecanismo perverso e antissocial.

No entanto, o golpe parlamentar foi dado por essas classes no interesse de prolongar a ordem que garantiria seus privilégios, no propósito de desmantelar os avanços sociais das classes populares emergentes e alinhar-se à lógica do grande capital em escala mundial, hegemonizado pelos Estados Unidos.

Os dois processos movidos pela PGR contra o Presidente Temer, acusado de vários crimes, obstrução da justiça e de formação de quadrilha, amplamente fundamentados por fatos, foram rejeitados pela Câmara dos Deputados, a quem cabia dar a licença para o STF proceder o devido julgamento. Com a deslavada compra de deputados e de outras concessões feitas aos corruptos deputados pelo corruptor presidente, a admissibilidade para o processo foi por duas vezes rejeitada, para escândalo de toda a nação.

Como observou Márcio Pochamann, um dos melhores analistas das desigualdades sociais, e da riqueza e pobreza do país: "a elite brasileira escolheu o lado errado" (*O golpe e a traição das elites* – Disponível em http://www.redebrasilatual.com.br/blogs/blog-na-rede/2017/05/traicao-das-elites). Ao invés de se aliar ao novo – ao arranjo político, econômico e social, à maior iniciativa do desenvolvimento multilateral desde o final da Segunda Guerra Mundial, iniciada na Eurásia, que propõe uma globalização inclusiva e que nós, pelo Brics, estávamos incluídos –, escolheu o alinhamento tardio às forças que detêm a hegemonia mundial. O orçamento dessa nova iniciativa da Eurásia está estimado em US$ 26 trilhões até o ano de 2030, envolvendo 65 outras nações que respondem por quase 2/3 da população mundial. Criam-se oportunidades de desenvolvimento, a começar pelos mais necessitados. Aqui poderíamos estar, e não estamos por causa de nossa inépcia e de nossa subserviência.

Esse projeto aponta para uma nova ordem mundial, uma espécie de keynesianismo global, inovador, com uma possível maior igualdade e justiça social, respeitada a soberania das nações. A recente eleição dos novos dirigentes chineses, em outubro de 2017, vai na linha de melhorar as condições da população chinesa, mediante uma "sociedade moderadamente abastecida", sem viés militarista, mas consciente de sua importância na configuração do processo de globalização que, inevitavelmente, ganhará mais e mais feições chinesas; do "socialismo no estilo chinês", como repetidamente afirmam.

O grupo ao redor de Temer optou pelo velho sistema militarista e imperial hegemonizado pelos Estados Unidos, cuja segurança reside em bases militares distribuídas por todo o mundo. Eles estão na Argentina, no Paraguai, no Chile, no Peru, na Colômbia e também no Brasil, através da cessão da base de Alcântara, no Maranhão. Seu real poder consiste, fundamentalmente, no poder de matar todo mundo, inclusive eles, pondo fim à vida no planeta.

A venda de terras a estrangeiros, especialmente onde existe grande abundância de água – por aqui passa o futuro da humanidade junto com a biodiversidade –, fere profundamente nossa soberania e ofende o povo brasileiro, cioso de seu território.

Uma vez mais temos desperdiçado a chance de reforçar nosso caminho rumo a uma nova ordem mundial mais participativa e justa, que não apenas nos beneficiaria, senão que poderíamos contribuir na superação das grandes crises que apontam no horizonte e que podem penalizar poderosamente a humanidade. O efeito se nota por todas as partes; em meados de 2017 os desempregados totalizavam 14 milhões; havia 61 milhões de inadimplentes; no ritmo da desindustrialização, os 33 navios em construção estavam entregues à ferrugem; a neocolonização imposta nos fazia apenas exportadores de *commodities*.

Assistimos, anestesiados, a esse crime contra o futuro do povo brasileiro. Temer, sob vários processos, cuida de si mesmo, ao invés de cuidar do povo brasileiro. Uma onda de indignação, de tristeza e de desamparo está se abatendo sobre quase todos nós.

Da recessão econômica estamos passando à depressão psicológica. Se não reagirmos e não nos munirmos de coragem e de esperança, a barbárie poderá estar apenas a um passo. Recusamos aceitar esse inglório destino.

Mas os efeitos do golpe não terminam aí. Ele feriu o coração de nossa sociedade organizada, que busca diminuir as desigualdades com mais justiça social e espírito de cooperação.

VII
O GOLPE PARLAMENTAR COMO ASSALTO AO BEM COMUM

Um dos efeitos mais perversos do golpe parlamentar, juridicamente desmantelado pelos juristas mais conceituados de nosso país e também do exterior, foi impor um projeto econômico-social de ajustes e de modificações legais que significam rasgar a constituição e um verdadeiro assalto ao já combalido bem comum.

O golpe foi promovido pelas oligarquias endinheiradas e antinacionais, que usaram um parlamento de fazer vergonha por sua venalidade e ausência de ética, para mais facilmente drenar para seu proveito a maior fatia possível da riqueza nacional. Isso foi denunciado por nomes notáveis como Luiz Alberto Moniz Bandeira, Jessé Souza, Bresser Pereira, Aldo Fornazieri, Luis Nassif, entre outros.

Está em curso um desmonte da nação. Isso significa a implantação de um neoliberalismo ultraconservador e predatório, que praticamente anula as conquistas sociais em favor de milhões de pobres e miseráveis, tirando-lhes direitos em relação a salário, a regime de trabalho e da aposentadoria, além de reduzir e até liquidar projetos fundamentais, como o Bolsa Família; Minha Casa Minha Vida, Luz para Todos, Fies, Prouni e outros institutos que permitiam o acesso aos filhos e filhas da pobreza ao estudo técnico ou superior.

Mais que tudo, começou-se a leiloar bens coletivos como partes da Petrobras, o riquíssimo pré-sal e a colocação à venda de terras nacionais. A privatização sempre significa diminuição do bem de interesse geral, que passa às mãos do interesse particular. Atacam-se ao que hoje se chama de "direitos de solidariedade", submetendo os interesses particulares aos interesses coletivos e comuns.

Erodiram-se as duas pilastras fundamentais que historicamente construíram o bem comum: a *participação* dos cidadãos (cidadania ativa) e a *cooperação* de todos. Em seu lugar, a atual ordem imposta pelos que perpetraram o golpe enfatiza as noções de rentabilidade, de flexibilização, de adaptação, de meritocracia e de competitividade. A liberdade do cidadão é substituída pela liberdade das forças do mercado; o bem comum, pelo bem particular; e a cooperação, pela concorrência.

A participação e a cooperação asseguravam a base do interesse comum. Negados esses valores, a existência de cada um não está mais socialmente garantida nem seus direitos afiançados. Logo, cada um se sente impelido a "garantir o seu". Assim, surge um individualismo avassalador, acolitado por ondas de ódio, de homofobia, de machismo e de todo tipo de discriminações.

Estamos perplexos, assistindo ao surgimento de grupos fascistas e de extrema-direita, agressivos; que utilizam as redes sociais para difamar, quando não, diretamente falsificar a realidade, no âmbito da pós-verdade. Já tem seu candidato que prega abertamente o golpe militar, a homofobia e o uso da violência para resolver os problemas sociais.

O propósito dos atuais gestores, já reconhecidos como incompetentes, alguns até imbecilizados, é: o mercado tem que ganhar e a sociedade deve perder. Ingenuamente creem ainda que é o mercado que vai regular e resolver tudo. Se assim é, por que vamos construir coisas em comum? Deslegitimou-se o bem-estar social, e o bem comum foi enviado ao limbo.

Mas cabe denunciar: quanto mais se privatiza, mais se procura legitimar o interesse particular em detrimento do interesse geral, além de enfraquecer o Estado, o gerenciador do interesse geral e o indutor do desenvolvimento social. Está sendo imposto para nós um *killer capitalismo*.

Quanto de perversidade social e de barbárie vão aguentar os movimentos sociais, aqueles que da pobreza estão passando para a miséria, os partidos de raiz popular e a *intelligentsia* brasileira, com sentido de nação e de autonomia de nosso país?

Mas esclareçamos o conceito de bem comum. No plano *infraestrutural*, o bem comum é o acesso justo de todos aos bens básicos, como à alimentação, à saúde, à moradia, à energia, à segurança e à comunicação. No plano *social*, é a possibilidade de levar uma vida material e humana satisfatória na dignidade e na liberdade, em ambiente de convivência pacífica.

Pelo fato de estar sendo desmantelado pela atual ordem injusta, o bem comum deve ser reconstruído. Para isso, importa dar hegemonia à cooperação, e não à competição; articulando todas as forças comprometidas com o interesse geral a resistir, a pressionar e a ganhar as ruas e as praças.

O bem comum não pode ser concebido antropocentricamente. Hoje, desenvolveu-se a consciência da interdependência de todos os seres com todos e com o meio no qual vivemos. Não podemos vender nossas terras nem deixar delimitar os territórios indígenas, os donos originários de nosso país, nem descuidar do desmatamento desenfreado da Amazônia, como está ocorrendo agora.

Nós, enquanto humanos, somos um elo, embora singular, da comunidade de vida. Possuímos os mesmos constituintes físico-químicos com os quais se constrói o código genético de todo o vivente. Daí se deriva um parentesco objetivo com a comunidade de vida. Por isso, cuidar e defender a natureza é cuidar e defender a nós mesmos, pois somos parte dela. Os direitos da natureza e da Mãe Terra devem ser inseridos na Constituição, como o fizeram a Bolívia e o Equador, pioneiros mundiais do novo constitucionalismo ecológico.

Em razão dessa compreensão, o bem comum não pode ser apenas humano, mas de toda a comunidade terrenal e biótica, com quem compartimos a vida e o destino.

Cooperação se reforça com mais cooperação, pois aqui reside a seiva secreta que alimenta e revigora permanentemente o bem comum e também o movimento universal do processo cosmogênico no qual estamos inseridos.

VIII
Interlúdio: dez lições da múltipla crise brasileira

Toda crise acrisola, purifica e faz madurar. Que lições podemos tirar dela? Elenco algumas.

Primeira lição: o *tipo de sociedade* que temos não pode mais continuar assim como é. As manifestações de 2013 e o golpe parlamentar, jurídico e midiático de 2016 mostraram claramente que não queremos mais uma democracia de baixíssima intensidade, uma sociedade profundamente desigual e uma política de negociatas. Nas manifestações de rua os políticos, também os da oposição, foram escorraçados, como também movimentos sociais organizados. Queremos outro tipo de Brasil, diverso daquele que herdamos; que seja democrático, includente, justo, sustentável e respeitador de nossa rica natureza. Aqui se dão as bases para o que pretendemos com a refundação do Brasil.

Segunda lição: superar a vergonhosa *desigualdade social* impedindo que 5 mil famílias extensas controlem quase metade da riqueza nacional. Essa desigualdade se traduz por uma perversa concentração de terras, de capitais e de uma dominação iníqua do sistema financeiro, com bancos que extorquem o povo e o governo que garante um superávit primário absurdo para poder pagar ao sistema financeiro os juros da dívida pública. Enquanto não se taxarem as grandes fortunas e não submeterem os bancos a níveis razoáveis de lucro, o Brasil continuará sendo desigual, injusto e pobre.

Terceira lição: prevalência do *capital social* sobre o capital individual. Quer dizer, o que faz o povo evoluir não é matar-lhe simplesmente a fome e fazer dele um consumidor, mas fortalecer-lhe o capital social, feito pela educação, pela saúde, pela cultura, pelos espaços de lazer e pela busca do bem-viver; precondições de uma cidadania digna.

Quarta lição: cobrar uma *democracia participativa, sem fim e socioecologicamente* construída de baixo para cima, com forte presença da sociedade organizada; especialmente dos movimentos sociais, que enriquecem a democracia representativa e que, por causa de sua histórica corrupção, o povo sente que ela não mais o representa.

Quinta lição: a *reinvenção* do Estado nacional. Como foi montado historicamente, ele atendia/atende às classes que detêm o ter, o poder, o saber e a comunicação dentro de uma política de conciliação entre as oligarquias, excluindo sempre a participação do povo. O Estado era e é organizado mais para garantir privilégios do que para realizar o bem geral da nação. Ele, por sua natureza, tem de ser a representação da soberania popular, e todos os seus aparelhos devem estar a serviço do bem comum; deve ser o grande indutor do desenvolvimento humano e controlador dos capitais, especialmente especulativos, dando especial atenção aos vulneráveis (seu caráter ético), e sob severo controle social, com as devidas instituições para isso. Para tal, faz-se necessária uma reforma política, com nova Constituição, fruto da representação nacional, e não apenas partidária. É importante fazer uma análise da dívida pública, nunca feita, e que certamente reduziria significativamente o que é indevidamente pago.

Sexta lição: o dever ético-político de *pagar a dívida* às vítimas feitas no processo da constituição de nossa nacionalidade e que nunca foi paga: aos indígenas quase exterminados; aos afrodescendentes (mais da metade da população brasileira) feitos escravos, carvão para o processo produtivo; aos pobres em geral, sempre esquecidos pelas políticas públicas, e desprezados e humilhados pelas classes dominantes. Urge políticas compensatórias e pró-ativas para criar oportunidades para eles se autopromoverem e se inserirem nos benefícios da sociedade moderna.

Sétima lição: fim do *presidencialismo de coalizão* de partidos, feito à base de negócios e de tráfico de influência, de costas para o povo; é uma política de planalto desconectada da planície onde vive o povo. Pouco importa quem esteja à frente do governo, necessita-se, para sair da pluricrise brasileira, de uma nova concertação entre as forças existentes na nação. Não pode ser apenas entre os partidos que tenderiam a reproduzir a velha e desastrada política de conciliação ou de coalizão, mas uma concertação que acolha representantes da sociedade civil organizada, movimentos sociais de caráter nacional, representantes do empresariado, da intelectualidade, das artes, das mulheres, das igrejas e das religiões ao redor de princípios e valores assumidos por todos, a fim de elaborar uma agenda mínima viável.

Oitava lição: o *caráter claramente republicano* da democracia vai além da neoliberal e privatista. Em outras palavras, o bem comum (*res publica*) deve ganhar centralidade, e somente em seguida o bem privado. Isso se concretiza por políticas sociais que atendam às demandas mais gerais da população a partir dos necessitados e deixados para trás. As políticas sociais não se restringem apenas a ser distributivas, mas importa serem redistributivas (diminuir de quem tem de mais para repassar para quem tem de menos), em vista da redução da desigualdade social.

Nona lição: a *dimensão geopolítica* da crise brasileira. Não se pode pensar o Brasil apenas a partir do Brasil, mas sempre dentro do contexto geopolítico global. Há grandes interesses dos Estados Unidos, da China, da Rússia, da Arábia Saudita, da União Europeia pela segunda maior jazida de petróleo do mundo, o pré-sal, e também como enquadrar a sétima economia mundial dentro da linha geral definida pelos países centrais que controlam a macroeconomia neoliberal e capitalista. Não querem que no Atlântico Sul surja uma potência que siga um caminho próprio, especialmente articulada com o Brics, que faz um contraponto ao sistema mundial imperante. O Brasil e toda a América Latina devem denunciar e recusar a ser recolonizados, no sentido de serem apenas exportadores de *commodities*, o que implica um processo de desindustrialização e inibição de inovações.

Décima lição: *inclusão da natureza*, com seus bens e serviços, e da Mãe Terra, com seus direitos, na constituição de um novo tipo de democracia socioecológica, à altura da consciência ecológica que reconhece todos os seres como sujeitos de direitos, formando um grande todo: Terra-natureza-ser humano. É a base de um novo tipo de civilização, biocentrada, capaz de garantir o futuro da vida e de nossa civilização.

Quarta parte
Completar a refundação ou prolongar a dependência?

O grande desafio que se coloca ao povo brasileiro, radicalizado pelo golpe parlamentar, jurídico e midiático de 2016 é: Queremos decididamente completar a refundação do Brasil ou preferimos indolentemente prolongar sua dependência?

Analisemos antes a herança de exclusão em nossa história, que nos dificulta responder positiva e eficazmente em favor da invenção do Brasil.

I
A HERANÇA DE EXCLUSÃO NA HISTÓRIA DO BRASIL

O processo de colonização de ontem e de recolonização de hoje, imposta pelos países centrais, está tendo o seguinte efeito: a produção, a consolidação e o aprofundamento de nossa dependência e a fragilização de nossa democracia. Quando se dão conta da ascensão das classes populares vistas como ameaça à natureza de sua alta acumulação, os donos do dinheiro e do poder forjam, como já asseveramos anteriormente, um golpe de Estado. Assim foi em 2016 e também antes, em 1964.

A casa grande e a senzala constituem teoricamente os gonzos articuladores de todo o edifício social. A maioria dos moradores da senzala, entretanto, ainda não descobriu que a opulência da casa grande foi construída com seu trabalho superexplorado, com seu sangue e com suas vidas absolutamente desgastadas.

Nunca tivemos uma bastilha que derrubasse os donos seculares do poder e do privilégio e permitisse a emergência de um outro sujeito de poder capaz de moldar a sociedade brasileira, de forma que todos pudessem caber nela.

O jogo nunca mudou; apenas embaralharam-se diferentemente as cartas do mesmo e único baralho, como o mostrou Marcel Burztyn em seu *O país das alianças* – As elites e o continuísmo no Brasil (1990), e mais recentemente Jessé Souza em *A elite do atraso* – Da escravidão à Lava Jato (2017).

A filósofa Marilena Chauí resumiu sinteticamente o legado perverso dessa herança:

> A sociedade brasileira é uma sociedade autoritária, sociedade violenta, possui uma economia predatória de recursos humanos e naturais, convivendo com naturalidade com a injustiça, a desigualdade, a ausência de liberdade e com os espantosos índices das várias formas institucionalizadas – formais e informais – de extermínio físico e psíquico e de exclusão social, política e cultural" ("500 anos – Cultura e política no Brasil", n. 38: 52-53).

O golpe parlamentar, jurídico e midiático de 2016 se inscreve nessa tradição. É preciso reconhecer: vigora ódio e profundas dilacerações em nosso país. Precisamos qualificar esse ódio. Ele é ódio contra os filhos e filhas da pobreza, daqueles que vieram dos fundos da senzala ou das imensas periferias. Basta ler os historiadores que tentaram ler nossa história a partir das vítimas, como o acadêmico José Honório Rodrigues ou o mulato Capistrano de Abreu, Darcy Ribeiro ou então o ex-diretor do Ipea, o sociólogo Jessé Souza, para nos darmos conta sobre que solo social estamos assentados.

As grandes maiorias empobrecidas eram e continuam sendo, para as oligarquias econômicas e as elites intelectuais tradicionais, e pelo Estado controlado por elas, peso morto. Não só foram marginalizadas, mas humilhadas e desprezadas. Assim se refere José Honório Rodrigues:

A maioria dominante foi sempre alienada, antiprogressista, antinacional e não contemporânea. A liderança nunca se reconciliou com o povo. Nunca viu nele uma criatura de Deus, nunca o reconheceu, pois gostaria que ele fosse o que não é. Nunca viu suas virtudes nem admirou seus serviços ao país, chamou-o de tudo – Jeca-Tatu –, negou seus direitos, arrasou sua vida e logo que o viu crescer ela lhe negou, pouco a pouco, sua aprovação, conspirou para colocá-lo de novo na periferia, no lugar que continua achando que lhe pertence (*Conciliação e reforma no Brasil*, 1982a: 16).

Não se trata de uma descrição do passado, mas a verificação do que está ocorrendo atualmente e agravado após o golpe parlamentar de Estado de 2016. Escreve um pesquisador da violência, Edson Teles:

> O quadro da violência no país indica, como vítimas endêmicas, jovens negros e pobres nas periferias, bem como mulheres, em especial a mulher negra. Genocídio do negro e feminicídio, somados ao etnocídio, são a síntese de uma sociedade bélica, ainda que astuta o suficiente para se declarar respeitosa das diferenças e racialmente democrática [...]. Segundo o *Atlas da violência* (Fórum Brasileiro de Segurança Pública e Ipea, 2016), um jovem negro ou pardo tem 147% mais chances de ser assassinado do que um branco ou amarelo ("Estratégias da violência se fundam no genocídio de negros, pobres e mulheres". *Le Monde Diplomatique*, ago./2017: 6).

Não obstante esse estado de barbárie e por uma conjunção rara de forças, alguém vindo de baixo, um retirante nordestino e metalúrgico, Luiz Inácio Lula da Silva, conseguiu furar a blindagem promovida pelos poderosos e chegar à presidência. Isso é intolerável para os grupos poderosos e intelectualizados, que negam qualquer relação com os do andar de baixo. Mais intolerável ainda é o fato de que, com políticas sociais bem-direcionadas, foram incluídos milhões que antes estavam fora da cidadania. Esses começaram a ocupar os lugares antes reservados aos beneficiados do sistema discricionário. Puseram-se a consumir, entrar nos *shoppings* e viajar de avião. Sua presença irrita os do andar de cima, que começam a odiá-los.

Podemos criticamente afirmar que foi uma inclusão incompleta. Foram criados consumidores, mas poucos cidadãos participativos. – Que seja. Mas é dever primeiro do Estado garantir a vida biológica de seus cidadãos, e garantiu aos 36 milhões que saíram da fome.

Reconhecemos, entretanto, que tal avanço foi acompanhado por um desenvolvimento do capital social adequado e consistente em termos de educação, abertura de escolas técnicas e novas universidades, saúde, transporte, cultura, segurança e lazer, mas que não pôde ser completado pela dura oposição e também pela difusão da crise econômica que atingiu todos os países e afetou duramente os países mais vulneráveis. Essa seria outra etapa e mais fundamental, que já estava sendo implementada especialmente com o acesso de milhares de empobrecidos ao Ensino Superior.

O fato é que, quando esses deserdados começaram a se organizar e a erguer a cabeça, logo foram desqualificados e demonizados. Atacaram seu principal representante e líder: Lula. O fato de ter sido levado sob vara, a mando do raivoso Juiz Sérgio Moro, para um interrogatório, ato desproporcionado e humilhante, visava exatamente isso: humilhar e destruir sua figura carismática. E junto com ele liquidar, se for possível, o seu partido, o PT, além de torná-lo inapto para disputar futuras eleições.

Em outras palavras, os descendentes da casa grande estão de volta. A onda direitista que assola o país possui esse transfundo odiento. Buscar o impedimento da Presidenta Dilma foi o último capítulo dessa batalha para chegar ao estado anterior; onde eles, segundo dados publicados no dia 25 de setembro de 2017, seis biliardários têm a mesma riqueza que 100 milhões de brasileiros mais pobres (*JB on line*, 25/09/2017). Estes e seus aliados pretendem ocupar o Estado e fazê-lo funcionar em benefício próprio, excluídas as maiorias populares.

A aliança deles com a grande mídia empresarial e conservadora, formando um bloco histórico bem-articulado, conseguiu conquistar para a sua causa muitos dos estratos médios, progressistas nas profissões, mas conservadores na política. Esses nem se dão conta da manipulação e da exploração econômica a que estão submetidos pelos ricos, como notou Jessé Souza em suas obras.

Como nunca antes, a ordem e a cultura do capital mostram inequivocamente o seu rosto desumano, criando absurda concentração de riqueza à custa da devastação da natureza, da exaustão da força de trabalho e de uma estarrecedora pobreza.

Há crescimento/desenvolvimento sem trabalho porque a utilização crescente da informatização e da robotização dispensa o trabalho humano e cria os desempregados estruturais, hoje totalmente descartáveis. Eles são somados aos milhões nos países centrais e também entre nós, particularmente após o golpe parlamentar contra a presidenta legitimamente eleita, Dilma Rousseff.

O mercado mundial, em sua lógica férrea, caracterizado por uma concorrência feroz, é profundamente vitimatório. Quem está no mercado, existe; quem não resiste, desiste, inexiste e deixa de existir. Os países pobres passam da dependência para a prescindência. São excluídos da nova ordem/desordem mundial e entregues à sua própria miséria, como na África, ou então incorporados de forma subalterna, como nos países latino-americanos, notadamente o Brasil do golpe parlamentar.

Os incluídos de forma subalterna e marginal assistem a um drama terrível. Veem criar dentro de si bem-estar material, com todas as vantagens dos países centrais, atendendo a 20-30% da população, ao lado de um mar de miséria e de exclusão das grandes maiorias que no Brasil alcançam mais de dois terços da população.

Eis a perversidade da ordem do capital, um sistema antivida, como frequentemente o tem incriminado o Papa Francisco. No III Encontro com os Movimento Sociais Populares em Santa Cruz de la Sierra (Bolívia, 2015) ele claramente denunciou: "Quem governa? O dinheiro. Como governa? Com o chicote da desigualdade, da violência econômica, social, cultural e militar, que gera sempre mais violência em uma espiral descendente que nunca parece acabar".

Não devemos amenizar a dureza das palavras do pontífice, pois a taxa de iniquidade social para grande parte da humanidade se apresenta insustentável na perspectiva de uma ética mínima e de uma compaixão solidária.

Uma razão a mais para nos convencermos de que não há futuro para o Brasil inserido dessa forma na globalização econômico-financeira, excludente e destruidora da esperança, como está sendo imposta com a máxima celeridade pelo novo governo ilegítimo.

Há de se buscar um outro paradigma, diferente e alternativo, não só para o Brasil, mas para o mundo. Lentamente está sendo gestado nos movimentos de base e em setores progressistas do mundo inteiro com sensibilidade ecológico-social, fundada no cuidado e na responsabilidade coletiva. Caso contrário podemos ser conduzidos por um caminho sem retorno.

II
BRASIL: UMA CONSTRUÇÃO INTERROMPIDA?

Observador atento dos processos de transformação da economia mundial em contraponto com a brasileira, Celso Furtado, um dos nossos melhores nomes em economia política, escreveu em seu livro *Brasil*: a construção interrompida (1993: 35):
> Em meio milênio de história, partindo de uma constelação de feitorias, de populações indígenas desgarradas, de escravos transplantados de outro continente, de aventureiros europeus e asiáticos em busca de um destino melhor, chegamos a um povo de extraordinária polivalência cultural, um país sem paralelo pela vastidão territorial e homogeneidade linguística e religiosa. Mas nos falta a experiência de provas cruciais, como as que conheceram outros povos cuja sobrevivência chegou a estar ameaçada. E nos falta também um verdadeiro conhecimento de nossas possibilidades e principalmente de nossas debilidades. Mas não ignoramos que o tempo histórico se acelera e que a contagem desse tempo se faz contra nós. Trata-se de saber se temos um futuro como nação que conta na construção do devir humano. Ou se prevalecerão as forças que

se empenham em interromper o nosso processo histórico de formação de um Estado-nação.

A atual sociedade brasileira, há de se reconhecer, conheceu avanços significativos sob os governos do Partido dos Trabalhadores (PT) e de seus aliados. A inclusão social realizada e as políticas sociais benéficas para aqueles milhões que sempre estiveram à margem possui uma magnitude histórica cujo significado ainda não acabamos de avaliar, especialmente se nos confrontarmos com as fases históricas anteriores, hegemonizadas pelas oligarquias tradicionais que sempre detiveram o poder de Estado, nunca tiveram um projeto de nação, mas apenas o propósito corporativo de enriquecimento ilimitado.

Porém, os avanços alcançados ainda não são proporcionais à grandeza de nosso país e de seu povo. As manifestações de junho de 2013 mostraram que boa parte da população, particularmente dos jovens, está insatisfeita. Esses manifestantes querem mais. Querem um outro tipo de democracia, a participativa; querem uma república, não de negociatas, mas de caráter popular. Exigem, com razão, transporte que não lhes roube tanto tempo; serviços básicos de higiene, de educação, que os habilite a entender melhor o mundo e a melhorar o tipo de trabalho que escolherem. Reclamam saúde com um mínimo de decência e qualidade. Cresce em todos a convicção de que um povo doente e ignorante jamais dará um salto de qualidade rumo a um outro tipo de sociedade menos desigual e, por isso, como a chamava Paulo Freire, "menos malvada". Os dirigentes políticos não estiveram à altura desses novos desafios, não renovaram sua agenda, agarrando-se ao poder que temem, em eleições transparentes, perder com os vergonhosos privilégios que os acompanham (auxílio-moradia, auxílio-paletó etc.).

Estamos nos aproximando daquilo que Celso Furtado chamava de "provas cruciais". Talvez, como nunca antes em nossa história, atingimos esse estágio crítico das "provas". Dada a aceleração da história, impulsionada pela crise sistêmica mundial, seremos forçados a tomar uma decisão: ou aproveitamos as oportunidades que os países centrais em profunda crise nos propiciam, reafirmando nossa soberania e garantindo nosso futuro autônomo, mas relacionado com a totalidade do mundo, ou as desperdiçamos e viveremos atrelados ao destino sempre decidido por eles, que nos querem condenar a ser apenas os fornecedores dos produtos *in natura* que lhes falta e, assim, voltam a nos recolonizar.

Não podemos aceitar essa estranha divisão internacional do trabalho. Temos de retomar o sonho de alguns de nossos melhores analistas, do quilate de Darcy Ribeiro, Luiz Gonzaga de Souza Lima, de Celso Furtado e de Jessé Souza, entre outros que propuseram uma reinvenção ou refundação do Brasil sobre bases nossas, gestadas pelo nosso ensaio civilizatório tão enaltecido e reconhecido mundialmente.

Este desiderato foi profundamente ferido pelo golpe parlamentar contra a Presidenta Dilma Rousseff em 2016. Por trás dele, já o dissemos, estão as classes dominantes internacionalizadas, que tentam impor uma agenda política de um neoliberalismo radical, que lhes devolva os privilégios históricos, ameaçados pelas políticas sociais populares que tiraram da miséria e da invisibilidade milhões de brasileiros pobres.

O sonho de uma reinvenção e refundação do Brasil não pode ser perdido nem sepultado pela voracidade destruidora dos donos do ter, do poder e do saber. Seu tempo já passou. Cresceu uma nova consciência política, especialmente a partir dos movimentos sociais populares, que se contam às centenas. Aí sempre se coloca a questão: "Que Brasil nós queremos" (cf. BOFF, L. *Depois de 500 anos*: que Brasil queremos?, 2000). Como vamos construí-lo juntos? Com que forças e aliados podemos contar para essa tarefa gigante?

Esse é o desafio lançado de forma urgente a todas as instâncias sociais: Elas ajudarão na invenção do Brasil como nação soberana, repensada nos quadros da nova consciência planetária e do destino comum da Terra e da humanidade? Poderão ser coparteiras de uma cidadania nova – a cocidadania e a cidadania ecológica e terrenal –, que articula o cidadão com o Estado, o cidadão com outro cidadão, o nacional com o mundial, a cidadania brasileira com a cidadania planetária, ajudando assim a moldar o devir humano? Ou elas se farão cúmplices daquelas forças que não estão interessadas na construção do *projeto-Brasil* porque se propõem inserir o Brasil no *projeto-mundo globalizado*, de forma subalterna e dependente, com as vantagens concedidas às classes opulentas, beneficiadas com este tipo de aliança?

A atual crise brasileira nos força a decidir não pelo partido que apoiamos, mas pelo lado que estaremos. A situação é urgente, pois, como advertia pesaroso Celso Furtado: "tudo aponta para a inviabilização do país como projeto nacional" (*Brasil*: a construção interrompida, 1993: 35). Mas não queremos aceitar como fatal essa severa advertência. Não devemos reconhecer as derrotas sem antes se dar as batalhas, como nos ensinava Dom Quixote em sua grande sabedoria.

Ainda há tempo para mudanças que podem reorientar o país para o seu rumo certo, especialmente agora que, com a crise ecológica, se transformou num peso decisivo da balança e do equilíbrio buscado pelo Planeta Terra. Importa crer em nossas virtualidades; diria mais, em nossa missão planetária.

Tudo está a clamar para uma refundação do Brasil sobre outras bases, porque as vigentes são altamente antipovo, destrutivas das pessoas, desrespeitosas da natureza, espoliadoras dos bens públicos, violadoras da soberania nacional e negadoras de um futuro melhor.

Quinta parte
Exigências para uma refundação do Brasil

I
A TRANSIÇÃO DA VELHA PARA A NOVA COSMOLOGIA

Como estamos propondo uma reinvenção do Brasil, importa situá-la dentro do novo paradigma, nascido das ciências da Terra e da vida, e que subjaz em todas as nossas reflexões. Desta forma o situamos dentro de uma nova fase da história da Terra e da humanidade. Mas antes devemos considerar as duas cosmologias em conflito, pois uma delas nos fornece perspectivas novas para o nosso projeto de Brasil.

1 Duas cosmologias em confronto

O Prêmio Nobel em Economia Joseph Stiglitz disse numa conferência da ONU no dia 23 de abril de 2009: "O legado da crise econômico-financeira de 2008 será um grande debate de ideias sobre o futuro da Terra". Efetivamente, o grande debate se dará em torno das duas cosmologias presentes e em conflito no cenário da história.

Por cosmologia entendemos a visão do mundo – cosmovisão – que subjaz às ideias, às práticas, aos hábitos e aos sonhos de uma sociedade. Cada cultura possui sua respectiva cosmologia. Por ela procura explicar a origem, a evolução e o propósito do universo e definir o lugar do ser humano dentro dele.

A nossa atual é a cosmologia da conquista, da dominação e da exploração do mundo em vista do progresso e do crescimento ilimitado, formulada no século XVII pelos pais fundadores do Paradigma da Modernidade e da utilização da razão instrumental-analítica, como Descartes, Newton, Francis Bacon e outros. Seu eixo estruturador é a vontade de poder como dominação sobre a natureza, os povos e a Terra. Caracteriza-se por ser mecanicista, determinística, atomística e reducionista. Por força dessa cosmovisão, chegou-se ao fato de que 20% da população mundial controlam e consomem 80% de todos os recursos naturais, criando um fosso entre ricos e pobres como jamais havido na história. Metade das grandes florestas foi destruída, 65% das terras agricultáveis foram perdidas. Segundo o grande biólogo E.O. Wilson, cerca de 70 a 100 mil espécies de seres vivos desaparecem anualmente, o que equivale a uma devastação como em tempos pré-históricos. Cerca de mil agentes químicos sintéticos, a maioria tóxicos, são lançados no solo, no ar e nas águas que, absorvidos pelos seres humanos, podem provocar vários tipos de enfermidade. Construíram-se armas de destruição em massa, capazes de eliminar toda vida e a nossa civilização.

O efeito final é o desequilíbrio do sistema-Terra, que se expressa pelo aquecimento global. Com os gases já acumulados, até 2035 a temperatura fatalmente se elevará em 2°C, com a previsão de alcançar no final do século 4 a 5°C, o que tornará a vida, assim como a conhecemos hoje, praticamente impossível. É uma advertência vinda da comunidade científica norte-americana, em 2005.

A predominância dos interesses econômicos especialmente especulativos, capazes de reduzir países à mais brutal miséria e ao consumismo, trivializaram nossa percepção do risco sob o qual vivemos e conspiram contra qualquer mudança de rumo.

Em contraposição está sendo expandida, sempre com mais intensidade, uma cosmologia alternativa e potencialmente salvadora. Ela já tem mais de um século de elaboração e ganhou sua melhor expressão na *Carta da Terra* (2000) e na encíclica do Papa Francisco *Laudato Si'* – Sobre o cuidado da Casa Comum (2015).

Os conceitos-chave dessa nova cosmologia são o cuidado, a sustentabilidade, a inter-relação de todos com todos, a responsabilidade compartilhada e a irrestrita cooperação entre todos. Ele representa uma relação amigável, não agressiva e protetora da natureza e dos ecossistemas. O cuidado, dizem-nos grandes cosmólogos como Brian Swimme e Stephen Hawking, era responsável pelas energias todas que conformam o universo, com um equilíbrio tal que de outra forma não se sustentaria.

O cuidado é tão decisivo, que ele constitui a essência do humano e de tudo o que existe e vive. Sem o cuidado de todos os fatores nós não teríamos garantido nossa vida. Isso já o afirmava o mito antigo do escravo romano Higino em sua fábula do cuidado, retomada por Martin Heidegger em *Ser e tempo*, fazendo-o a essência do ser humano.

Estas reflexões nos ajudarão a inserir o projeto-Brasil dentro do vasto contexto da cosmogênese que se iniciou a partir do *big bang*, há cerca de 13,7 bilhões de anos. O universo está continuamente se expandindo, se auto-organizando e se autocriando. Seu estado natural é a evolução, e não a estabilidade; a transformação e a adaptabilidade, e não a imutabilidade e a permanência. Nele tudo é relação em redes e nada existe fora dessa relação. Por isso, todos os seres são interdependentes e colaboram entre si para coevoluírem e garantirem o equilíbrio de todos os fatores.

Por trás de todos os seres atua a Energia de Fundo (chamada também de Abismo Alimentador de todos os Seres), que deu origem e anima o universo, fazendo surgir emergências novas. A mais espetacular delas é a Terra viva e nós humanos como a porção consciente e inteligente dela e com a missão de cuidá-la e protegê-la, como vem expresso no segundo capítulo do Livro do Gênesis.

Vivemos tempos de urgência. O conjunto das crises atuais está criando uma espiral de necessidades de mudanças que, não sendo implementadas, nos conduzirão fatalmente ao caos coletivo e que, assumidas, poderão nos elevar a um patamar mais alto de civilização.

É neste momento que a nova cosmologia se revela inspiradora. Ao invés de dominar a natureza, coloca-nos no seio dela em profunda sintonia e sinergia. Ao invés de uma globalização unificadora das diferenças, ela nos sugere o *biorregionalismo*, que valoriza cada território, com seus recursos e com suas diferenças específicas. Esse modelo procura construir sociedades autossustentáveis dentro das potencialidades das biorregiões, baseadas na ecologia, na cultura local e na participação das populações, respeitando a natureza e buscando o "bem-viver", que é a harmonia entre todos e com a Mãe Terra, visão assumida durante séculos pelos povos andinos.

Nessa nova cosmologia torna-se claro o fato de que o cuidado deve substituir a dominação, deve prevalecer o reconhecimento do valor intrínseco de cada ser, e não sua mera utilização humana; o respeito por toda a vida e os direitos e a dignidade da natureza, e não sua exploração até a exaustão de seus bens e serviços escassos.

A força dessa cosmologia reside no fato de estar mais de acordo com as reais necessidades humanas e com a lógica do próprio universo. Se optarmos por ela, criar-se-á a oportunidade de uma civilização planetária na qual o cuidado, a cooperação, o amor, o respeito, a alegria e a espiritualidade ganharão centralidade. Será a grande virada salvadora que urgentemente precisamos.

Para essa passagem temos de enfrentar graves dificuldades, talvez a maior delas seja a força da cultura do capital.

2 Os desafios da cultura do capital

Damos por realizada a demolição crítica do modo de produção capitalista com sua expressão política, que é o liberalismo, hoje chamado de neoliberalismo. A parte mais difícil de superar é a cultura do capital: materialista, competitiva, individualista, consumista e agressiva da natureza. Ela se globalizou e colonizou praticamente todas as mentes.

Assim, de tempos em tempos temos de trocar de celular, de computador, de tênis, de roupa da moda, de mil coisas que não precisamos para viver, mas que, pelo *marketing* avassalador, acabamos por consumir, e assim retroalimentamos a ordem do capital.

A partir da constatação dos limites da Terra, da escassez dos bens e serviços naturais e das ameaças que pesam sobre a totalidade do planeta por causa do aquecimento global, da escassez de água potável, dos eventos extremos e de uma eventual catástrofe nuclear que pode dizimar a vida da face da Terra e por fim o nosso ensaio civilizatório, é lícito concluirmos: ou superamos historicamente a ordem capitalista ou ela comprometerá o futuro da Terra e da humanidade e, consequentemente, tornará inócua uma refundação do Brasil.

A solução para a crise não pode vir do próprio sistema que a provocou. Como dizia Einstein: "O pensamento que criou o problema não pode ser o mesmo que o solucionará". Somos obrigados a pensar diferente, se quisermos ter futuro para nós e para a biosfera. Por mais que se agravem as crises, como na zona do Euro e especialmente no Brasil após o golpe de 2016, a voracidade especulativa não arrefece.

O dramático de nossa situação reside no fato de que não possuímos uma alternativa suficientemente vigorosa e elaborada que venha substituir o atual sistema. Nem por isso devemos desistir do sonho de um outro mundo possível e necessário, e dentro dele o Brasil. A sensação que vivenciamos foi bem expressa pelo pensador italiano Antônio Gramsci: "O velho resiste em morrer e o novo não consegue nascer".

3 Os protagonistas do novo: os movimentos sociais de base

Mas em todas as partes do mundo há uma vasta semeadura de alternativas, de estilos novos de convivência e de solidariedade, de formas diferentes de produção e de consumo, cooperativas de agroecologia e relações amigáveis da vida e da natureza, como também um consciente cuidado para com a Casa Comum.

Cabe lembrar as palavras encorajadoras do Papa Francisco por ocasião do III Encontro com os Movimentos Sociais Populares em Santa Cruz de la Sierra (Bolívia, 2015):

> quero chamá-los de "poetas sociais"; e elenco algumas tarefas imprescindíveis para caminharem em direção a uma alternativa humana diante da globalização da indiferença: *1) colocar a economia a serviço dos povos; 2) construir a justiça social, base da paz; 3) cuidar da Casa Comum, a Terra.*

Nesses movimentos projetam-se sonhos de outro tipo de geossociedade, mobilizando muitos grupos e movimentos, com a esperança de que algo novo poderá eclodir no bojo do velho sistema em erosão. Esses movimentos mundiais ganham visibilidade nos Fóruns Sociais Mundiais e nas várias COPs sobre o aquecimento, organizadas pela ONU e pelos grupos que defendem os direitos da natureza, dos animais, da Mãe Terra e a cultura da paz.

A história não é linear. Nela pode ocorrer uma acumulação de energias, de ideias e de projetos que num dado momento podem introduzir uma ruptura e, então, o novo surge com vigor, a ponto de ganhar a hegemonia sobre todas as outras forças. Instaura-se, então, outro tempo e começa nova história.

A cosmovisão quântica nos fala das emergências novas a partir de situações de caos generativo que podem ser surpreendentes e se inscrevem na lógica do processo cosmogênico, que nunca é linear, mas que conhece saltos qualitativos.

Enquanto isso não ocorrer, temos de ser realistas. Por um lado, devemos buscar alternativas para não ficarmos reféns do velho sistema, e, por outro, somos obrigados a estar dentro dele, continuar a produzir, não obstante as contradições, para atender às demandas humanas. Caso contrário, não evitaríamos um colapso coletivo com efeitos sociais dramáticos. Como temos defendido, vale trabalhar sobre utopias minimalistas que visam a melhoria da realidade; especialmente quando nos é impedido mudá-la. Mas cabe sempre manter o horizonte aberto para a grande utopia salvadora.

Devemos, portanto, andar sobre as duas pernas: uma no chão do velho sistema e a outra no novo, dando ênfase a este último. O grande desafio é como processar a transição entre um sistema consumista que estressa a natureza e sacrifica as pessoas e um sistema de sustentação de toda vida em harmonia com a Mãe Terra, com respeito aos limites de cada ecossistema e com uma distribuição equitativa dos bens naturais e industriais que tivermos produzido.

4 Os passos rumo à transição para o novo

Vejo os seguintes passos como essenciais para a transição do velho para o novo. Nossos países do Sul, onde se inscreve o Brasil, devem:

Em **primeiro lugar**, lutar, ainda dentro do sistema vigente, por normas ecológicas e regulações que preservem o mais possível os bens e os serviços naturais ou trate sua utilização de forma ecológica e socialmente responsável.

Em **segundo lugar**, que os países do grande Sul, especialmente o Brasil, não sejam reduzidos a meros exportadores de matérias-primas (*commodities*), mas que incorporem tecnologias que deem valor agregado a seus produtos, criem inovações tecnológicas adequadas aos nossos biomas e orientem a economia para o mercado interno em função de uma melhor qualidade de vida.

Em **terceiro lugar**, que exijam dos países importadores que poluam o menos possível e que contribuam financeiramente para a preservação e regeneração ecológica dos bens naturais que importam dos diferentes países.

Em **quarto lugar**, que cobrem uma legislação ambiental internacional mais rigorosa para aqueles que menos respeitam os preceitos de uma produção ecologicamente sustentável, de baixo carbono, socialmente justa, aqueles que relaxam na adaptação e na mitigação dos efeitos do aquecimento global e que introduzem medidas protecionistas em suas economias. Aqui é decisiva a pressão sobre os Estados Unidos, que são os que mais poluem e que não querem assumir os preceitos ecológicos decididos em encontros internacionais, organizados pela ONU.

O mais importante de tudo, no entanto, é formar uma coalizão de forças a partir de governos, instituições, igrejas, centros de pesquisa e pensamento, movimentos sociais, ONGs e todo tipo de pessoas ao redor de valores e princípios coletivamente compartilhados, bem-expressos na Carta da Terra, na Declaração dos Direitos da Mãe Terra ou na Declaração Universal do Bem Comum da Terra e da Humanidade (texto básico do incipiente projeto da reinvenção da ONU), no bem-viver das culturas originárias das Américas e ultimamente da fecunda encíclica de ecologia integral do Papa Francisco: *Laudato Si'* – Sobre o cuidado da Casa Comum (2015).

Desses valores e princípios se espera a criação de instituições globais e, quem sabe, se organize a governança planetária, tão urgente, que tenha como propósito preservar a integridade e a vitalidade da Mãe Terra, garantir as condições do sistema-vida, erradicar a fome, as doenças letais e forjar as condições para uma paz duradoura entre os povos e com a Mãe Terra.

Sexta parte
Pressupostos para uma refundação do Brasil

I

A CONQUISTA DA CIDADANIA PELO PRÓPRIO POVO

Entendemos por cidadania o processo histórico-social que capacita a massa humana a forjar condições de consciência, de organização, de elaboração de um projeto e de práticas no sentido de deixar de ser massa e de passar a ser povo, como sujeito histórico plasmador de seu próprio destino. O grande desafio histórico é certamente este: Como fazer das massas anônimas, deserdadas e manipuláveis, um povo brasileiro de cidadãos conscientes e organizados? É o propósito da cidadania como processo político-social e cultural, sem a qual é impossível a refundação do Brasil.

1 Dimensões da cidadania

Seis são as dimensões de uma cidadania plena:

1) A dimensão econômico-produtiva: a massa é mantida intencionalmente como massa e na pobreza. Portanto, a pobreza material e política é produzida e cultivada pelas oligarquias que, assim, podem dominar e explorar melhor. Nesse sentido, essa situação é profundamente injusta.

A cidadania política é esvaziada ou reduzida à minoridade se não vier acompanhada pela econômica; o pobre que não for contra a pobreza e não optar por outros pobres não tem condições de se comportar como sujeito social e realizar sua emancipação. A luta é por justiça social e econômica; caso contrário, a cidadania não passa de mera palavra.

2) A dimensão político-participativa: só os interessados se fazem cidadãos; eles podem e devem contar com apoios públicos e do Estado, mas se as pessoas mesmas não lutarem em prol de sua autonomia e por sua participação social, nunca serão cidadãs plenas. Portanto, mais do que o Estado, é a sociedade, em suas várias formas de organização e de luta, que deve assumir essa tarefa.

3) A dimensão popular: o tipo de cidadania vigente é de corte liberal-burguês. Por isso inclui os que têm uma inserção no sistema produtivo, e os demais não contam. É uma cidadania reduzida. Não se reconhece ainda o caráter incondicional dos direitos, independentemente de posse, de instrução e de condição social ou ideológica.

A cidadania deve ser alargada pelos lados e para o fundo. Por isso, a construção da cidadania deve começar pela base social, deve ter um cunho popular e incluir intencionalmente todas as pessoas. Ela já é exercida nos inúmeros movimentos sociais e nas associações comunitárias, onde os excluídos constroem um novo tipo de cidadania e de democracia participativa.

4) A dimensão de con-cidadania: a cidadania não define apenas a posição do cidadão diante do Estado, como sujeito de direitos, e não como pedinte. Por isso, não se deve pedir nada do Estado, mas reivindicar; os cidadãos não devem se organizar para substituir o Estado, mas para fazê-lo funcionar. O Estado também define o cidadão face a outro cidadão mediante a solidariedade e a cooperação, como paradigmaticamente foi mostrado na Campanha contra a Fome, a Miséria e pela Vida, herança imorredoura deixada por Herbert de Souza, o Betinho. Contra as políticas pobres do Estado para com os pobres surgem as organizações dos pobres para fazerem valer seus direitos.

5) *A cidadania ecológica*: cada cidadão e toda a sociedade têm o direito de gozar de uma qualidade de vida decente. Isso só é possível se houver uma relação de sinergia, cuidado e respeito para com a natureza. Isso se mostra pela não poluição do ar, das águas, dos solos e a não quimicalização dos alimentos. Cada cidadão deve se conscientizar no sentido de garantir um futuro à Casa Comum e herdá-la habitável às gerações futuras.

6) *A cidadania terrenal*: a con-cidadania se abre hoje a uma dimensão planetária, na consciência do cuidado com a única Casa Comum que temos para habitar, o Planeta Terra – de bens e serviços limitados, em grande parte não renováveis. Importa viver os vários erres (r) do pensamento ecológico: reduzir, reusar, reciclar, rearborizar, rejeitar a propaganda enganosa, respeitar todos os seres etc. Não somos apenas cidadãos nacionais, mas também terrenais, do Planeta Terra.

2 Cidadania e projeto de refundação do Brasil

A cidadania é um processo inacabado e sempre aberto a novas aquisições de consciência, de participação e de solidariedade. Só cidadãos ativos podem fundar uma sociedade democrática como sistema aberto (democracia sem fim, no dizer de Boaventura de Souza Santos), que se sente imperfeita, mas ao mesmo tempo sempre perfectível. Por isso, o diálogo, a participação, a vivência da correção ética e a busca da transparência constituem suas virtudes maiores.

A cidadania se realiza dentro de uma sociedade concreta que elabora para si projetos – muitas vezes conflitantes entre si – de construção de sua soberania e dos caminhos de inserção no processo maior de planetização. Todos eles querem dar uma resposta à pergunta: *Que Brasil, depois de mais 500 anos, finalmente queremos?*

Fundamentalmente e simplificando uma realidade muito complexa, podemos dizer que há dois projetos antagônicos disputando a hegemonia. Um é o projeto dos endinheirados, antigos e novos, articulados com as corporações transnacionais que querem um Brasil menor do que realmente é; um Brasil de no máximo 120 milhões, pois assim, acreditam eles, daria para administrá-lo em seu benefício, sem maiores preocupações; os milhões restantes que se lasquem, pois sempre tiveram que se acostumar a viver na necessidade e a sobreviver como podem.

O outro projeto quer construir um Brasil para todos, pujante, autônomo e soberano face às pressões das potências militaristas, técnica e economicamente poderosas, que visam estabelecer um império do tamanho do planeta e viver da rapinagem das riquezas dos outros países. Esses se associam com as elites nacionais que aceitam ser sócios menores e agregados ao projeto-mundo, a troco de vantagens que podem auferir economicamente.

Os dois golpes que conhecemos na fase republicana, o de 1964 e o de 2016, foram tramados e dados em função da voracidade dos endinheirados, contra o povo e recusando construir um projeto de nação soberana que teria muito a contribuir nessa fase planetária da humanidade.

A correlação de forças é profundamente desigual e corre em função das oligarquias opulentas. Mas essas não têm nada a oferecer para os milhões de brasileiros que estão às margens do desenvolvimento humano, senão mais empobrecimento e discriminação.

Mas essas elites que nem esse título merecem, pois são apenas ricos sem nunca chegarem a ser elites, não são portadoras de esperança e, por isso, são condenadas a viver sob permanente ameaça e com medo de que, um dia, essa situação possa se reverter e perderem sua situação de riqueza e de privilégios.

Eis a nossa esperança: de que o futuro acabe pertencendo aos humilhados e ofendidos de nossa história que, um dia – e ele chegará –, herdarão as bondades que a Mãe Terra reservou para eles e para todos. Alegres, se sentarão juntos à mesa, na grande comensalidade dos libertos, gozando dos frutos de sua resistência, de sua indignação e de sua coragem de mudar. Então começará uma nova história, da qual foram os principais protagonistas, da verdadeira refundação do Brasil.

3 A importância da boa vontade geral para uma refundação do Brasil

Na sociedade brasileira atual grassa uma onda de ódio, raiva e dilaceração que raramente tivemos em nossa história. Chegamos ao ponto em que a má vontade generalizada impede qualquer convergência em função de uma saída da avassaladora crise que afeta toda a sociedade.

Immanuel Kant (1724-1804), o mais rigoroso pensador da ética no Ocidente, fez uma afirmação de grandes consequências em sua *Fundamentação para uma metafísica dos costumes (1785)*: "Não é possível se pensar algo que, em qualquer lugar no mundo e mesmo fora dele, possa ser tido irrestritamente como bom senão a boa vontade (*der gute Wille*)". Kant reconhece que qualquer projeto ético possui defeitos. Entretanto, todos os projetos possuem algo comum que é sem defeito: a boa vontade. Traduzindo seu difícil linguajar: a boa vontade é o único bem que é somente bom e ao qual não cabe nenhuma restrição. A boa vontade ou é só boa ou não é boa vontade.

Há aqui uma verdade com graves consequências práticas: se a boa vontade não for a atitude prévia a tudo que pensarmos e fizermos, será impossível criar uma base comum a que todos envolva. Se malicio tudo, se tudo coloco sob suspeita e se não confio mais em ninguém, então será impossível construir algo que congregue a todos. Dito positivamente: só contando com a boa vontade de todos posso construir algo bom para todos. Em momento de crise como o nosso, a boa vontade é o fator principal de união de todos para uma resposta viável que supere a crise.

Estas reflexões valem tanto para o mundo globalizado quanto para o Brasil atual. Se não houver boa vontade da grande maioria da humanidade, não vamos encontrar uma saída para a desesperadora crise social que dilacera as sociedades periféricas, nem uma solução para o alarme ecológico que põe em risco o sistema-Terra.

Somente na COP 21 de Paris, em dezembro de 2015, chegou-se, pela primeira vez, a um consenso mínimo no sentido de conter o aquecimento global. Ainda assim, as decisões não são vinculantes. Dependem da boa vontade dos governos, o que não ocorreu, por exemplo, com o parlamento norte-americano, que mostrou má vontade e somente apoiou algumas medidas do Presidente Obama, anuladas totalmente pelo seu sucessor, o Presidente Donald Trump, destituído de qualquer sentido de responsabilidade coletiva em relação ao futuro do Planeta Terra.

No Brasil, se não contarmos com a boa vontade da classe política, em grande parte corrompida e corruptora, nem com a boa vontade dos órgãos jurídicos e policiais, jamais superaremos a corrupção que se encontra na estrutura mesma de nossa débil democracia. Se essa boa vontade não estiver também nos movimentos sociais e na grande maioria dos cidadãos que, com razão, resistem às mudanças antipopulares, não haverá nada, nem governo, nem alguma liderança carismática, que seja capaz de apontar para alternativas esperançadoras.

A boa vontade é a última tábua de salvação que nos resta. A situação mundial é uma calamidade. Vivemos em permanente estado de guerra civil mundial. Não há ninguém, nem as duas santidades, o Papa Francisco e o Dalai Lama, nem as elites intelectuais mundiais, nem a tecnociência, que forneçam uma proposta eficaz de encaminhamento global. Abstraindo os esotéricos, que esperam soluções extraterrestres, na verdade dependemos unicamente da boa vontade de nós mesmos.

O Brasil reproduz, em miniatura, a dramaticidade do mundo atual. A chaga social produzida em quinhentos anos de descaso com a coisa do povo significa uma sangria desatada. Nossas elites nunca pensaram em uma solução para o Brasil como um todo, mas somente para si mesmas. Estão mais empenhadas em defender seus privilégios do que garantir direitos para todos.

Aqui está a razão secreta do golpe parlamentar que foi sustentado pelas elites opulentas que querem continuar com seu nível absurdo de acumulação, especialmente o sistema financeiro, os fundos de investimento e os bancos, cujos lucros são inacreditáveis. A *Oxfam Brasil 2017* nos atesta que os seis maiores bilionários têm a mesma riqueza e patrimônio que os 100 milhões de brasileiros mais pobres (*JB on line*, 25/09/2017).

Por isso, os que tiraram a Presidenta Dilma do poder por tramoias político-jurídicas ousaram modificar a Constituição em questões fundamentais para a grande maioria do povo, como a Legislação Trabalhista e a Previdência Social, e visam, em último termo, desmontar os benefícios sociais de milhões, integrados na sociedade pelos dois governos anteriores.

Tal diminuição dos direitos sociais tem um propósito perverso: permitir um repasse fabuloso de riqueza às oligarquias endinheiradas, absolutamente descoladas do sofrimento do povo e com seu egoísmo pecaminoso.

Contrariamente ao povo brasileiro, que historicamente mostrou imensa boa vontade, essas oligarquias se negam a saldar a hipoteca de boa vontade que devem ao país.

Se a boa vontade é assim tão decisiva, então urge suscitá-la em todos. Em momento de risco, no caso do barco-Brasil afundando, todos, até os corruptores e corruptos, se sentem obrigados a ajudar com o que lhes resta de boa vontade. Já não contam as diferenças partidárias e econômicas, mas o destino comum da nação, que não pode cair na categoria de um país falido.

Em todos vigora um capital inestimável de boa vontade que pertence à nossa natureza de seres sociais. Se cada um, de fato, quisesse que o Brasil desse certo, com a boa vontade de todos, ele seguramente daria certo e não necessitaria de ser refundado.

II
SOCIEDADE SUSTENTÁVEL, DEMOCRACIA SOCIOECOLÓGICA E EDUCAÇÃO LIBERTADORA

Para dar consistência ao projeto de refundação do Brasil, importa trabalhar sobre três eixos dialeticamente imbricados: a educação libertadora, a democracia integral e a sociedade sustentável, que cria para si um desenvolvimento social a ela adequado. Resumidamente, mister se faz desenvolver uma educação libertadora que nos abra para uma democracia integral, capaz de produzir um tipo de sociedade sustentável (um *modo sustentável de viver*, segundo a Carta da Terra) com um desenvolvimento socialmente justo e ecologicamente correto.

Partimos do pressuposto de que a civilização industrial e a cultura do capital estão em profunda crise e apontam para dramáticos cenários. A Terra não tem mais condições de aguentar a depredação produzida pela voracidade produtivista e consumista do *ethos* do capital. Essa ordem na desordem somente perdura porque são utilizadas as forças dura (guerra) e doce (o *marketing* midiático, o tipo de educação individualista e a produção cinematográfica) para manter as grandes maiorias dependentes dos valores da cultura do capital.

20% da população mundial consomem egoisticamente 80% dos bens e serviços não renováveis sem qualquer sentido de solidariedade para com os coiguais e um espantoso desrespeito ao patrimônio natural de toda Terra, os famosos *commons*.

Com acerto assinalava Celso Furtado em *Brasil*: a construção interrompida (1993: 76):
> O desafio que se coloca no umbral do século XXI é nada menos do que mudar o curso da civilização, deslocar o seu eixo da *lógica dos meios* a serviço da acumulação, num curto horizonte de tempo, para uma *lógica dos fins* em função do bem-estar social, do exercício da liberdade e da cooperação entre os povos.

1 Desenvolvimento ou sociedade sustentável?

A reflexão crítica tem criado vasto convencimento de que o propalado "desenvolvimento sustentável" no sistema capitalista (pode ser válido no quadro de um biorregionalismo) é uma armadilha que cabe denunciar.

A lógica do desenvolvimento nesse sistema imperante contradiz a lógica da sustentabilidade. Ele vem do pensamento econômico capitalista, entende-se linear, ilimitado e supõe o infinito dos recursos da natureza. A sustentabilidade se deriva da ecologia, da biologia e das inter-retro-relações circulares que vigoram entre todos os seres, ajudando-se para que todos possam sobreviver. É circular, e não linear.

As duas lógicas, a do desenvolvimento e a da sustentabilidade, se contrapõem. Essa contraposição nos alerta que vivemos num pequeno planeta, super-habitado, com bens e serviços limitados, alguns renováveis e outros não. Se não elaborarmos um desenvolvimento (que precisamos) bem-dosado e equitativo, do qual todos possam se beneficiar, inclusive os demais membros da comunidade de vida à qual pertencemos, podemos ir ao encontro de um desastre ecológico-social.

O analista e Prêmio Nobel de Química Christian de Duve inicia seu conhecido livro *Poeira vital* – A vida como imperativo cósmico (1997) afirmando que estamos assistindo a sintomas globais que, outrora, no processo evolutivo, antecipavam grandes devastações que atingiram a Terra. Mas há uma diferença, diz ele: outrora eram meteoros rasantes ou cataclismos naturais que devastavam a biosfera. Hoje o meteoro rasante mais perigoso se chama ser humano, que inaugurou o *antropoceno*. Temos de cuidar e vigiar esse "meteoro" ameaçador e imprevisível.

A melhor forma de fazê-lo é deslocar o eixo do desenvolvimento para o da sustentabilidade. O que importa é termos uma sociedade sustentável, que encontre para si o desenvolvimento de que precisa para garantir a base material de sua reprodução, fazendo com que então o desenvolvimento participe dessa sustentabilidade.

Por sustentabilidade entendemos toda a ação destinada a manter as condições energéticas, informacionais e físico-químicas que sustentam todos os seres, especialmente a Terra viva (Gaia), a comunidade de vida, a sociedade e a vida humana, visando sua continuidade e reprodução e ainda a capacidade de atender às necessidades das gerações presentes e futuras, de tal forma que os bens e serviços naturais sejam preservados e enriquecidos mediante um processo de regeneração, reprodução e coevolução (cf. BOFF, L. *Sustentabilidade*: o que é – o que não é. Petrópolis: Vozes, 2012a: 107). Nesses termos, como se apresenta uma sociedade sustentável?

Uma sociedade é sustentável quando se organiza e se comporta de tal forma que ela, através das gerações, consegue garantir a vida dos cidadãos e dos ecossistemas na qual está inserida. Quanto mais uma sociedade se funda sobre bens e serviços renováveis e recicláveis, mais sustentabilidade ostenta. Isso não significa que não possa usar de recursos não renováveis. Mas ao fazê-lo, deve praticar grande racionalidade, especialmente por amor à única Terra que temos e em solidariedade para com as gerações futuras. Há recursos não renováveis que são abundantes como o carvão, o alumínio e o ferro, com a vantagem de que podem ser reciclados.

Uma sociedade só pode ser considerada sustentável se ela mesma, por seu trabalho e produção, se tornar mais e mais autônoma. Se tiver superado níveis agudos de pobreza ou tiver condições de diminuí-la constantemente. Se seus cidadãos estiverem ocupados em trabalhos significativos. Se a seguridade social for garantida para aqueles que são demasiadamente jovens, idosos ou doentes e que não podem ingressar no mercado de trabalho. Se a igualdade social e política, também de gênero, for continuamente buscada. Se a desigualdade econômica for reduzida a níveis aceitáveis. Por fim, se seus cidadãos forem socialmente participativos e destarte puderem tornar concreta e continuamente perfectível a democracia. Se conservar e fazer progredir a cultura local, manter e enriquecer as tradições, saber celebrar as festas locais, recordar as personalidades notáveis que aí viveram e souber preservar as paisagens e lugares notórios.

Por esses critérios o Brasil está ainda longe de ser uma sociedade sustentável. Tal sociedade sustentável deve se colocar continuamente a questão: Quanto de bem-estar ela pode oferecer ao maior número possível de pessoas com o capital natural e cultural de que dispõe? Obviamente, esta questão supõe a prévia sustentabilidade do planeta, sem a qual todos os demais projetos perderiam sua base e seriam vãos. Com estes pressupostos, podemos falar de um desenvolvimento sustentável.

A Declaração sobre o Direito dos Povos ao Desenvolvimento da ONU, de 18 de outubro de 1993, corretamente estabeleceu que o desenvolvimento é
> um processo econômico, social, cultural e político abrangente, que visa o constante melhoramento do bem-estar de toda a população e de cada indivíduo na base de sua participação ativa, livre e significativa e na justa distribuição dos benefícios resultantes dele (*Declaration on the Right to Development*, 18/10/1993).

Nós acrescentaríamos ainda, no sentido da integralidade, a dimensão psicológica e espiritual. Portanto, postula-se que a economia, como produção dos bens materiais, é apenas meio para possibilitar no interior de uma sociedade sustentável o desenvolvimento cultural, social e espiritual do ser humano. Errônea e com funestas consequências é a visão que entende o ser humano apenas como um ser de necessidades e de desejo de acumulação ilimitada, e por isso a economia como crescimento ilimitado, como se ele fosse meramente um animal faminto e não um ser criativo, com fome de beleza, de comunhão e de espiritualidade.

Faz-se mister produzir e consumir o que é necessário e decente, e não produzir e consumir o que é supérfluo, excessivo e abusivo. Precisamos passar de uma economia da produção ilimitada para uma economia multidimensional da produção do suficiente e decente para todos os humanos e também para os demais seres que conosco compartem a aventura terrenal e cósmica e que também precisam de nutrientes fornecidos pela natureza. Realisticamente o novo governo chinês se propôs como meta governamental criar para todos "uma sociedade moderadamente abastecida".

O sujeito central do desenvolvimento de uma sociedade sustentável, portanto, não é a mercadoria, o mercado, o capital, o setor privado e o Estado, mas os seres humanos, tomados pessoal e coletivamente, e os demais seres vivos nas suas múltiplas dimensões. Tal compreensão é encontrada nos documentos do Conselho Mundial de Igrejas em Genebra, na Doutrina Social da Igreja Católica Romana e especialmente na encíclica do Papa Francisco *Laudato Si'* – Sobre o cuidado da Casa Comum (2015).

Cada um e todos os cidadãos são convocados a participar desse tipo de desenvolvimento pluridimensional, enquanto cidadãos ativos e sociais. Cada um é chamado a ajudar na produção do suficiente e do decente, com um consumo marcado pela sobriedade compartida.

2 O sentido de um ecodesenvolvimento

A proposta de um ecodesenvolvimento ou de uma bioeconomia, como no-la apresentam Ladislau Dowbor no Brasil e Ignacy Sachs na França, entre outros, vem a reforçar o projeto de uma refundação do Brasil.

Um dos primeiros a ver a relação intrínseca entre economia e biologia foi o matemático e economista romeno Nicholas Georgescu-Roegen (1906-1994). Contra o pensamento dominante esse autor, já nos anos 60 do século passado, chamava a atenção sobre a insustentabilidade do crescimento no modo capitalista, devido aos limites dos bens e serviços da Terra. Começou-se a falar de "decrescimento econômico para garantir a sustentabilidade ambiental e a equidade social" (cf. www.degrowth.net).

Esse decrescimento – melhor seria chamá-lo de "acrescimento" – significa reduzir o crescimento *quantitativo* para dar mais importância ao *qualitativo*, no sentido de preservar os bens e serviços que nos servem e que também serão necessários às futuras gerações.

A bioeconomia é, na verdade, um subsistema do sistema da natureza, sempre limitada, e, por isso, objeto de permanente cuidado. A economia deve acompanhar e obedecer aos níveis de preservação e regeneração da natureza (cf. as teses de Roegen na entrevista de Andrei Cechin na *IHU* (28/10/2011).

Modelo semelhante, chamado de *ecodesenvolvimento* e *bioeconomia*, vem sendo proposto, entre outros, pelo já citado Professor de Economia da PUC-SP Ladislau Dowbor, que pensa na linha de um outro economista, Ignacy Sachs. Este é um polonês, naturalizado francês e brasileiro por amor. Veio ao Brasil em 1941, trabalhou vários anos aqui e mantém atualmente um centro de estudos brasileiros na Universidade de Paris. É um economista que a partir de 1980 despertou para a questão ecológica e, possivelmente, o primeiro que fez suas reflexões no contexto do *antropoceno*. Vale dizer, no contexto da pressão excessiva que as atividades humanas exercem sobre os ecossistemas e sobre o Planeta Terra como um todo, a ponto de levá-lo a perder seu equilíbrio sistêmico que se revela pelos eventos extremos.

O *antropoceno*, já analisado anteriormente, inauguraria, então, uma nova era geológica, que teria o ser humano como fator de risco global, um avassalador meteoro rasante. Sachs, bem como Dowbor, levam em conta esse dado novo no discurso ecológico-social.

As análises de Dowbor e de Sachs combinam economia, ecologia, justiça e inclusão social. Daí nasce um conceito de sustentabilidade possível, ainda dentro dos constrangimentos impostos pela predominância do modo de produção industrialista, consumista, individualista, predador e poluidor.

Ambos estão convencidos de que não se alcançará uma sustentabilidade aceitável se não houver uma sensível diminuição das desigualdades sociais, a incorporação da cidadania como participação popular no jogo democrático, respeito às diferenças culturais e a introdução de valores éticos de respeito a toda a vida e um cuidado permanente do meio ambiente. Preenchidos esses quesitos, seriam criadas as condições de um ecodesenvolvimento sustentável (DOWBOR, L. *Democracia econômica*, 2010).

A sustentabilidade exige certa equidade social, isto é, "nivelamento médio entre países ricos e pobres", e uma distribuição mais ou menos homogênea dos custos e dos benefícios do desenvolvimento. Assim, por exemplo, os países mais pobres têm direito de expandir mais sua pegada ecológica (o quanto de terra, água, nutrientes, energia... precisam) para atender suas demandas, enquanto os mais ricos devem reduzi-la ou controlá-la, pois já criaram abundantemente sua infraestrutura.

Não se trata de assumir a tese equivocada do decrescimento, mas de conferir outro rumo ao desenvolvimento, descarbonizando a produção, reduzindo o impacto ambiental e propiciando a vigência de valores intangíveis como a generosidade, a cooperação, a solidariedade, o cuidado e a compaixão.

Dowbor e Sachs repetem enfaticamente que a solidariedade é um dado essencial ao fenômeno humano e o individualismo cruel que estamos assistindo nos dias de hoje, expressão da concorrência sem freio e da ganância de acumulação, significa uma excrescência que destrói os laços da convivência e assim torna a sociedade fatalmente insustentável.

É deles a bela expressão *"biocivilização"*, uma civilização que dá centralidade à vida, à Terra, aos ecossistemas e à vida de cada pessoa. Daí emerge o belo dizer: "Terra da boa esperança" (cf. *Ecodesenvolvimento*: crescer sem destruir (1986) e entrevista à *Carta Maior*, 29/08/2011).

Esta proposta nos parece uma das mais sensatas e responsáveis face aos riscos que corre o planeta e o futuro da espécie humana.

3 A construção de uma democracia integral

É dentro desse contexto que se suscita a questão de uma democracia integral, nos termos que apresentamos anteriormente. Primeiro como valor universal a ser vivido em todos os âmbitos onde o ser humano se encontra com outro ser humano; nas relações familiares, comunitárias, produtivas e sociais. Em seguida, como forma de organização política. Seria o sistema que garante a cada um e a todos os cidadãos a participação ativa e criativa em todas as esferas de poder e de saber da sociedade. Essa democracia, chamada pelo sociólogo português Boaventura de Souza Santos de *democracia sem fim*, seria, por definição popular (mais ampla do que a democracia burguesa e liberal), solidária (não excluiria ninguém em razão de gênero, de raça e de ideologia), respeitadora das diferenças (pluralista e ecumênica) e vivida em todas as dimensões: na família, nas comunidades, nos sindicatos, lá onde se reúnem pessoas. Também seria socioecológica porque incluiria, como cidadãos e sujeitos de direitos, também a Terra, o meio ambiente, as paisagens, os rios, as plantas e os animais; numa palavra, uma democracia verdadeiramente integral.

Essa democracia é composta de cidadãos-sujeitos, e não de massas de votantes, destituídos, sem consciência, sem memória, sem projeto e incapaz de assumir sua autodeterminação.

Para ser cidadão-sujeito são exigidos três processos: o *primeiro*, o *empoderamento*, isto é, a conquista de poder para ser sujeito pessoal e coletivo de todos os processos relacionados com o seu desenvolvimento pessoal e coletivo; o *segundo* é *a cooperação* para além da competição e da concorrência, motor da cultura do capital, razão por que as formas comunitárias e cooperativas de organização da economia deverão ter preferência às formas privadas e excludentes; o *terceiro*, a *autoeducação* continua para exercer sua cidadania e con-cidadania como sujeito junto com outros sujeitos.

4 Educação da práxis: aprender fazendo

É nesse ponto que o desenvolvimento centrado no ser humano e na democracia integral se articula com a educação integral.

A educação integral é um processo pedagógico permanente que abrange todos os cidadãos em suas várias dimensões e que visa educá-los no exercício sempre mais pleno do poder, tanto na esfera de sua subjetividade quanto na de suas relações sociais. Sem esse exercício de poder solidário e cooperativo não surgirá uma democracia integral nem um desenvolvimento centrado na pessoa; o único verdadeiramente sustentado.

Quem produziu uma reflexão consistente e original foi o pedagogo e economista Marcos Arruda com dois livros fundamentais: *Humanizar o infra-humano* – A formação do humano integral: *homo evolutivo*, práxis e economia solidária (2003) e *Tornar o real possível* – A formação do humano integral: a economia solidária, desenvolvimento e o futuro do trabalho (2006). Ele chama essa pedagogia de *educação da práxis* (cf. o livro que escrevemos em conjunto: *Globalização*: desafios socioeconômicos, éticos e educativos. Petrópolis: Vozes, 2000). Parte-se daquilo que já São Francisco e Mao Tsé-Tung ensinavam: aprende-se fazendo. A prática, portanto, é a fonte originária do aprendizado e do conhecimento humano, pois o ser humano é, por natureza constitutiva, um ser prático.

Ele não tem a existência como um dado, mas como um feito, como uma tarefa que exige uma prática de permanente construção. Não tendo nenhum órgão especializado, ele tem de continuamente construir a si mesmo e o seu *habitat* pela prática cultural, social, técnica e espiritual.

Conhecer aqui é um procedimento concreto, presente na etimologia da palavra "conceito" ou *"connaître"* (conhecer, em francês), que significa "nascer junto" com a realidade, entrar em comunhão com a realidade. Desta comunhão resulta uma concepção, vale dizer, o conceito (*conceptum*), que é a síntese entre a experiência subjetiva e o objeto experimentado. Conhecer implica, pois, fazer uma experiência, e a partir dela ganhar consciência e capacidade de conceitualização.

O ato de conhecer, portanto, representa um caminho privilegiado para a compreensão da realidade. O conhecimento sozinho não a transforma, mas somente a conversão do conhecimento em ação.

Entendemos por práxis exatamente esse movimento dialético entre a conversão do conhecimento em ação transformadora e a conversão da ação transformadora em conhecimento. Essa conversão não muda apenas a realidade, mas muda também o sujeito, como Marcos Arruda enfatiza em várias de suas obras.

Práxis, portanto, é o caminho de todos na construção da consciência humana e universal. Esse conhecimento não é monopólio dos que passaram pelas escolas e se entregam à leitura. É acessível a todos os humanos que têm uma prática de vida. O trabalhador manual, portanto, não precisa, para aprender, memorizar uma quantidade ilimitada de conteúdos. O essencial é que aprenda a pensar a sua prática individual e social, articulando o local com o global, e vice-versa, tirando dos vários conhecimentos um direcionamento estratégico e tático de sua ação transformadora.

A educação da práxis visa atingir esses três objetivos principais:

1) *Apropriação*, por todo cidadão e comunidade, dos instrumentos adequados para pensar a sua prática individual e social e para ganhar uma visão globalizante da realidade que possa orientar em sua vida.

2) *Apropriação*, pelo cidadão e pela comunidade, do conhecimento científico, político, cultural... acumulado pela humanidade ao longo da história para garantir-lhes a satisfação de suas necessidades e realizar suas aspirações.

3) *Apropriação*, cidadã e comunitária, dos instrumentos de avaliação crítica do conhecimento acumulado, reciclando-o e acrescentando-lhe novos conhecimentos mediante todas as faculdades cognitivas humanas que, além da razão, incluem a afetividade, a intuição, a memória biológica e histórica contida no próprio corpo e na psique, os sentidos espirituais, como o da unidade do todo, da beleza, da transcendência e do amor. Aqui deve-se incluir a razão cordial, aquela que valoriza o coração, onde se elaboram os valores, a simpatia, a compaixão, o amor, a ética e a espiritualidade. É a razão cordial que nos lança para o compromisso pelas causas generosas e pelo cuidado da Casa Comum.

Tal educação integral capacita e forma o ser humano para gestar uma democracia aberta, socioecológica e um desenvolvimento que garanta uma sociedade sustentável. Esse foi o caminho dos países que hoje possuem a dianteira no processo tecnológico e garantem a sustentabilidade de seu processo social.

A Europa, os Estados Unidos, o Japão e a Coreia do Sul investiram pesadamente na educação. Fazer esse investimento é inaugurar a maior revolução que se poderá realizar na história:

a revolução da consciência, que se abre ao mundo, à sua complexidade e aos desafios de ordenação que apresenta. Investir na educação é fundar a autonomia de um povo e garantir-lhe as bases permanentes de seu refazimento ou refundação face a crises que podem abalá-lo ou desestruturá-lo, como a Alemanha e o Japão na Segunda Guerra Mundial. Em razão do nível de educação de seu povo derrotado e humilhado se reergueram das ruínas. Investir em educação é investir na qualidade de vida social e espiritual do povo, é criar uma mão de obra qualificada, é garantir uma produtividade maior.

O Estado brasileiro nunca promoveu a revolução educacional. É refém histórico das elites proprietárias que precisam manter o povo na ignorância e na incultura para ocultar a perversidade de seu projeto social de enriquecimento ilimitado, para reproduzir seus privilégios e se perpetuar no poder.

O projeto de uma refundação do Brasil, de uma democracia socioecológica e popular ampliada, o Brasil dos outros quinhentos, fará da revolução educacional sua alavanca maior, criando o espaço para o povo poder expressar sua alta capacidade de criação artística e inventividade prática; finalmente, para plasmar-se, como gostaria.

5 Uma educação ecocentrada

A educação, como comumente foi estruturada, era centrada no ser humano e na sociedade. Hoje esse propósito correto é insuficiente. Depois que irrompeu o paradigma ecológico, conscientizamo-nos do fato de que todos somos ecodependentes. Não podemos viver sem o meio ambiente, com seus ecossistemas, que inclui o ser humano e forma o ambiente inteiro. Somos um elo da comunidade biótica.

A humanidade não está diante da natureza nem acima dela como dona e senhora, mas dentro dela como parte integrante e essencial. Participamos de uma comunidade de interesses com os demais seres vivos que conosco compartem a biosfera. O interesse comum básico é manter as condições para a continuidade da vida e da própria Terra, tida como superorganismo vivo, Gaia.

O fato novo, até há pouco ausente na consciência coletiva da grande maioria e também dos cientistas, é que todo o sistema de vida está correndo risco. É consequência de uma civilização produtivista, consumista e materialista, que tem predominado nos últimos séculos, hoje globalizada. Ela fez com que a Terra perdesse seu frágil equilíbrio e sua capacidade de autorregeneração.

Temos de impedir que Gaia entre num processo de caos, buscando através dele um novo equilíbrio, mas à custa de pesados sacrifícios ecológicos como a dizimação de milhares de espécies, cataclismos, tufões altamente destruidores, secas, inundações, insegurança alimentar em vastas proporções e, eventualmente, o desaparecimento de incalculável número de seres humanos.

A partir de agora a educação deve impreterivelmente incluir as cinco grandes tendências da ecologia, tão bem expostas na encíclica do Papa Francisco *Laudato Si'* – Sobre o cuidado da Casa Comum (2015): a ambiental, a social, a mental, a profunda (aquela que discute nosso lugar na natureza e nossa inserção na complexa teia das energias cósmicas) e a espiritual (cf. tb. o DVD de L. Boff: *As quatro ecologias*, 2012).

Mais e mais se impõem entre os educadores ambientais esta perspectiva: educar para a arte de viver em harmonia com a natureza e propor-se repartir equitativamente, com os demais seres, os recursos da cultura e do desenvolvimento sustentável.

Precisamos estar conscientes de que não se trata apenas de introduzir corretivos ao sistema que criou a atual crise ecológica, mas de educar para sua transformação. Isso implica superar a visão reducionista e mecanicista ainda imperante e assumir a cultura da complexidade, da corresponsabilidade e do cuidado.

Ela nos permite ver as inter-relações do mundo vivo e as ecodependências do ser humano. Tal verificação exige tratar as questões ambientais de forma global e integrada.

Desse tipo de educação deriva a dimensão ética de responsabilidade e de cuidado pelo futuro comum da Terra e da humanidade. Faz descobrir o ser humano como o cuidador do Jardim do Éden, que é nossa Casa Comum e o guardião de todos os seres.

A democracia, como temos reafirmado, deve ser socioecológica. Junto com a cidadania (que vem de cidade) estará a florestania (que vem de floresta), vivida por Chico Mendes e ensaiada pelo governo petista do Acre amazônico. Ser humano e natureza se pertencem mutuamente e, juntos, devem construir um caminho de convivência não destrutiva, mas harmoniosa e convivial.

A florestania será a cidadania vivida no contexto da floresta, tida como um sujeito de direitos a serem respeitados. Juntos, os dois modelos – cidadania-florestania – significarão um avanço na forma como habitamos a Casa Comum, sempre una e sempre diversa.

Esses três eixos: a sociedade sustentável, a democracia socioecológica e a educação libertadora, constituem pilastras sustentadoras de um novo ensaio de sociedade e podem garantir uma refundação eficaz do Brasil.

III
A UNIVERSIDADE E A ALIANÇA DOS SABERES

Uma refundação do Brasil e de seu destino, como se pretende, não poderá ser feita a partir de um único sujeito histórico, mas de um bloco de forças que se conjugam em vista de um projeto-Brasil comum.

O portador natural é a massa dos destituídos e o povo organizado. Mas ambos precisam contar com aliados, sem os quais o projeto se frustrará. Daí a importância dos intelectuais orgânicos, todos aqueles que, não pertencendo às camadas oprimidas, optam por elas, assumem sua causa, apoiam suas lutas e participam de seu destino, carregado de conflitos.

O pacto entre os aliados e os oprimidos se fará muito mais por razões éticas do que por interesses meramente políticos. Esse pacto reforça a possibilidade de êxito do projeto da refundação do Brasil. O Professor Cristovam Buarque bem reconheceu:

> O Brasil carrega toda a tragédia e toda a potencialidade do final do século XX e do princípio do século XXI. E está descobrindo a necessidade de mudança. Diferentemente de outros países ricos, que não têm necessidade de mudanças, dos mui-

to pobres e pequenos que não têm condições de imaginar ou construir mudanças, ou de países como a China ou a Índia, que não sofrem nossas pressões internas, o Brasil tem todos os ingredientes da crise e de sua alternativa. Por isso, pode ser o local onde uma nova modernidade ética poderá surgir. Uma modernidade ética que coloque os valores éticos da sociedade como valores determinantes dos objetivos sociais, estes como definidores da racionalidade econômica, para ser a opção técnica mais conveniente, afinal. Isso representa uma subversão total na atual hierarquia dos avanços técnicos, definindo a racionalidade econômica que determina os objetivos sociais a serem atendidos, relegando os valores éticos da sociedade (*A segunda abolição*, 1999: 38*)*.

1 A dívida social da *intelligentsia* brasileira

A partir dessa nova ótica que origina uma nova ética podemos avaliar os desafios que se colocam aos intelectuais conscientes e atentos às exigências da história; àqueles que, em função de seus estudos, lugar social e profissões, acompanham continuamente a situação do país. Tal como o Estado, a *intelligentsia* brasileira possui uma enorme dívida social para com o povo brasileiro, especialmente para com os pobres, marginalizados e excluídos.

Nesse ponto crucial de nossa história-pátria e da história da humanidade planetizada, chegou o momento de urgentemente pagar essa dívida.

Mais do que nunca, por exemplo, as universidades, onde se formam os intelectuais, não podem ser reduzidas a macroaparelhos de reprodução da sociedade discricionária e a fábrica formadora de quadros para o funcionamento do sistema imperante. Logicamente, a sociedade precisa de profissionais em todas as áreas que a façam funcionar, mas cumpre reconhecer que em nossa história-pátria as universidades sempre foram também um laboratório do pensamento contestatário e libertário. Isso constitui sua missão histórica que deve ser acelerada hoje, dada a urgência da situação. Bem disse o grande pensador Ernani Fiori, em palestra para universitários de Porto Alegre em 1962, no testemunho do cientista político Luiz Alberto Gómez de Souza: "A universidade deve ser o centro espiritual, dinâmico, livre, de consciencialização do processo renovador da cultura. Entendida cultura como alma da civilização".

Detenhamo-nos sucintamente em alguns pontos de reflexão. Como referimos anteriormente, a nova centralidade político-social reside na construção da sociedade civil a partir da qual a massa deixa de ser massa e passa a ser povo organizado. Sem ela não existirá a base para um projeto de democracia social e popular de cunho socioecológico e de uma cidadania cotidiana e abrangente. Sem esses pressupostos não se poderá pensar em refundação do Brasil.

2 O encontro da universidade com a miséria

Antes de mais nada, é decisiva a criação de uma aliança entre a inteligência acadêmica e a miséria popular. Em seu leito de morte em Petrópolis, Alceu de Amoroso Lima (Tristão de Athaide) me soprou ao ouvido este conselho, verdadeiro legado para toda a nossa geração. Disse que sua geração, dos anos 30 do século passado, fizera a aliança da inteligência com o poder público e com o pensamento universitário; conferira credibilidade à Igreja ao inseri-la no mundo da inteligência e do debate crítico sobre questões nacionais e civilizacionais.

A nova geração, comentava ele, referindo-se aos intelectuais comprometidos com a sorte dos oprimidos e aos teólogos da libertação, havia inaugurado uma nova aliança entre o pensamento mais crítico com a miséria mais atroz do povo brasileiro. Dessa aliança nasceu a perspectiva da libertação necessária, o pagamento da dívida social da intelectualidade para com o povo brasileiro. Enfatizava como quem ditava um testamento: "não abandonem esse caminho, mantenham unidas as duas pontas – a inteligência articulada com a miséria –, condição para reinventar o Brasil em novas bases e a Igreja de Cristo dentro dele". Não seria um pedido para a refundação do Brasil? Assim o entendi.

Todas as universidades – especialmente após a reforma de seu estatuto por Humboldt, em 1809, em Berlim, que permitiu as ciências modernas ganharem sua arquitetônica acadêmica ao lado da reflexão humanística que criou na Idade Média a universidade – tornaram-se o lugar clássico da problematização da cultura, da vida, do homem, de seu destino e de Deus. As duas culturas – a humanística e a científica – modernamente mais e mais deixam de coexistir paralelamente e se intercomunicam no sentido de pensar o todo, o destino do próprio projeto científico-técnico e sua responsabilidade pelo futuro comum da nação e da Terra.

Tal desafio exige um novo modo de pensar, pede ecologizar todos os saberes que não dicotomizam, mas conjugam; que não tiram dos contextos, mas os ressituam dentro deles e no todo maior; que não seguem uma lógica do simples e linear, mas do complexo e dialógico.

As universidades são urgidas a assumir esse desafio: as várias faculdades e institutos buscarão um enraizamento orgânico nas bases populares e nos setores ligados diretamente à produção dos meios da vida. Aqui pode-se estabelecer uma fecunda troca de saberes, entre o saber popular e o saber acadêmico; pode-se elaborar a definição de novas temáticas teóricas nascidas do confronto com a antirrealidade popular e valorizar a riqueza incomensurável de nosso povo na sua capacidade de encontrar, sozinho, saídas para os seus problemas.

3 Articular a inteligência com os movimentos sociais

A partir dos anos de 1950 foi se formando no Brasil, no seio da massa dos destituídos, movimentos sociais de natureza diversa, mas todos com o mesmo sonho: *refundar o Brasil*, construindo uma nação autônoma, e não mais uma grande empresa agregada e a serviço do capital mundial. Essa força social ganhou dimensões transformadoras, quando se deu a aliança entre esses movimentos populares e os intelectuais, que, não pertencendo às camadas oprimidas, optaram por elas, assumiram sua causa, apoiaram suas lutas e participaram de seu destino; às vezes trágico porque marcado por perseguições, prisões, torturas, exílios e mortes, como vem sendo mostrando pela Comissão da Justiça e da Verdade.

Com isso a *intelligentsia* brasileira começou a pagar uma enorme dívida social para com o povo. Mas essa aliança precisa ser sempre refeita e consolidada, especialmente nos últimos anos, quando um de seus representantes chegou à presidência, Lula, e conseguiu avanços político-sociais nunca antes realizados. Sobre ele recai toda a carga do preconceito de classe. Daí a fúria com que vem sendo atacado com o objetivo de desfigurar sua liderança carismática e sua ressonância mundial.

Antes de mais nada, importa criar e consolidar uma aliança entre a inteligência acadêmica e os condenados à miséria e à pobreza. Todas as universidades possuem os dois braços que até hoje as constituem: o braço humanístico que vem das velhas universidades medievais, e o outro, técnico-científico, que criou o atual mundo moderno.

Essa diligência permite um novo tipo de cidadania, baseada na con-cidadania: representantes da sociedade civil e das bases populares, bem como da intelectualidade, tomam iniciativas e submetem o Estado a um controle democrático, cobrando-lhe os serviços do bem comum. Nessas iniciativas populares, seja na construção de casas em mutirão, seja na busca de meios para a saúde, seja na forma de produção de alimentos, seja na contenção de encostas contra desabamentos e em mil outras frentes, os movimentos sociais sentem necessidade de um saber profissional. É onde a *intelligentsia* e a universidade podem e devem entrar, socializando o saber, propondo soluções originais e abrindo perspectivas, às vezes insuspeitadas, para quem é condenado a lutar só para sobreviver.

4 A universidade e o saber popular

O povo brasileiro ainda não acabou de nascer. Vindos de 60 países diferentes, aqui estão se mesclando representantes desses povos num processo aberto, todos contribuindo na gestação de um povo novo que um dia acabará de nascer.

O que herdamos da Colônia foi um estado altamente seletivo, uma elite excludente e uma imensa massa de destituídos e descendentes de escravos. O cientista político Luiz Gonzaga de Souza Lima, em sua original interpretação do Brasil, nos diz que nascemos como empresa transnacionalizada, condenada a ser até hoje fornecedora de produtos *in natura* para o mercado mundial (cf. *A refundação do Brasil* – Rumo a uma civilização biocentrada, 2011).

Mas apesar desse constrangimento histórico-social, no meio desta massa enorme maduraram lentamente lideranças e movimentos que propiciaram o surgimento de todo tipo de comunidades, associações, grupos de ação e de reflexão, que vão das quebradeiras de coco do Maranhão aos povos da floresta do Acre, dos sem-terra do sul e do norte, das comunidades de base aos sindicatos do ABC paulista. O MST chegou a criar seu centro de estudos universitários – a Universidade Florestan Fernandes – em Quararema, região metropolitana de São Paulo.

Do exercício democrático no interior desses movimentos nasceram cidadãos ativos; da articulação entre eles, cada um mantendo sua autonomia, está nascendo uma energia geradora do povo brasileiro que lentamente chega à consciência de sua história e projeta um futuro diferente e melhor para todos.

Nenhum processo dessa magnitude se faz sem aliados, sem a ligação orgânica daqueles que manejam um saber especializado com os movimentos sociais comprometidos. É aqui que a universidade é desafiada a alargar o seu horizonte. Importa que os mestres e alunos frequentem a escola viva do povo, como praticava Paulo Freire, e permitir que gente do povo possa entrar nas salas de aula e escutar os professores nas matérias relevantes para eles.

Essa visão supõe a criação de uma aliança entre a inteligência acadêmica e a miséria popular. Aqui se dá a troca de saberes, uns completando os outros, no estilo proposto pelo Prêmio Nobel de Química (1977) Ilya Prigogrine: a aliança de todos os saberes, desde o mais popular de uma curandeira até do cientista em seu laboratório de pesquisa (cf. *A nova aliança*, 1984).

Desse casamento se acelera a gênese de um povo; permite um novo tipo de cidadania, baseada na con-cidadania dos representantes da sociedade civil e acadêmica e das bases populares que tomam iniciativas por si mesmas e submetem o Estado a um controle democrático.

Desse ir e vir fecundo entre pensamento universitário e saber popular pode surgir o biorregionalismo com um desenvolvimento adequado àquele ecossistema e à cultura local. A partir dessa prática a universidade pública resgatará seu caráter público, será realmente a servidora da sociedade, e a universidade privada realizará sua função social, já que em grande parte é refém dos interesses particulares das classes proprietárias e feita chocadeira de sua reprodução social.

Esse processo dinâmico e contraditório só prosperará se estiver imbuído de um grande sonho: o de ser um povo novo, autônomo, livre e orgulhoso de sua terra. O antropólogo Roberto DaMatta bem enfatizou que o povo brasileiro criou um patrimônio realmente invejável: "toda essa nossa capacidade de sintetizar, relacionar, reconciliar, criando com isso zonas e valores ligados à alegria, ao futuro e à esperança" (*O que faz o brasil, Brasil?*, 1986: 121).

5 A projeção de um horizonte utópico

Por fim, cabe à intelectualidade lúcida e generosa, e principalmente à universidade, reforçar e garantir o horizonte utópico de toda a sociedade. Apesar de todas as tribulações históricas, apesar de ter sido considerado carvão para nosso processo produtivo e joão-ninguém, o povo brasileiro nunca perdeu sua autoestima e o encantamento do mundo. É um povo religioso e místico, o que equivale dizer: um povo de grandes sonhos, esperanças inarredáveis e utopias generosas; um povo que se sente tão acompanhado pela graça divina que estima ser Deus brasileiro.

Talvez seja essa visão encantada do mundo, tão bem-retratada na literatura com raízes na cultura popular, uma das maiores contribuições que os brasileiros podem dar à cultura mundial emergente, tão pouco mágica e tão pouco sensível ao jogo, ao humor e à harmonia dos contrários.

Certamente é essa visão, verdadeira cosmovisão, que permitiu a continuação da nossa história, não obstante os seus nós górdios e suas perversas contradições. Ela tem condições de gestar uma convivência mais solidária e inclusiva de todos.

Um povo que canta, que dança, que reza, que faz suas promessas e participa das romarias, que joga futebol, que festeja carnavais e chora seus ídolos tem todas as condições para ser livre, libertado e inspirador para outros povos.

A universidade deve constituir-se em laboratório em que essa alquimia social se reforça e se universaliza, alimentando um horizonte utópico promissor, na convicção compartilhada de que ainda temos tempo e que temos todas as condições de refundar o país, de encontrarmos nosso caminho de realização na solidariedade com todos os demais povos, testemunhando que tudo, finalmente, pode fazer sentido. Viver neste mundo não significa se sentir prisioneiro das necessidades, mas filhos e filhas da alegria.

Dessa transformação poderá nascer o Brasil que queremos, inserido num mundo planetizado que almejamos terno e fraterno.

6 De uma democracia de baixa intensidade a uma democracia socioecológica

Talvez a democracia seja o ideal mais alto que a convivência social historicamente elaborou. O princípio que subjaz a ela é este: *"O que interessa a todos deve poder ser pensado e decidido por todos"*.

6.1 Vários tipos de democracia existentes

Ela se apresenta sob muitas formas.

A *direta*, como é vivida na Suíça, na qual a população toda participa nas decisões, geralmente via plebiscito.

A *representativa*, na qual as sociedades mais complexas elegem delegados que, em nome de todos, discutem e tomam decisões. A grande questão atual é que a democracia representativa se mostra incapaz de recolher todas as forças vivas de uma sociedade complexa, com seus movimentos sociais, ONGs e instituições da sociedade civil. Em sociedades de grande desigualdade social, como as nossas da América Latina, a democracia representativa assume características de irrealidade; quando não, de farsa. A cada quatro ou cinco anos os cidadãos têm a possibilidade de escolher o seu "ditador", o presidente ou o governador, que, uma vez eleitos, fazem mais a política palaciana e dos acertos com as empresas que lhe financiaram as eleições ou com os partidos do que estabelecem uma relação orgânica com a sociedade e suas forças organizadas para realizar políticas que beneficiam a todos.

Há ainda a *democracia participativa*. As forças organizadas, como os grandes sindicatos, os movimentos sociais por terra, teto, saúde, educação, direitos humanos, ambiente e outros cresceram de tal maneira que a democracia representativa teve de assumir alguns aspectos novos que vêm sob o nome de *democracia participativa*. Por esse tipo de democracia, o Estado e o Parlamento se obrigam a ouvir e a discutir com tais forças e nas decisões tomar em consideração suas demandas. A democracia participativa, bastante difundida nas novas democracias latino-americanas, representa um avanço no sistema democrático.

A *Carta da Terra*, no seu IV princípio, enfatiza com razão "a participação inclusiva na tomada de decisões" e a "participação significativa de todos os indivíduos e organizações na tomada de decisões". Observa-se que não se fala simplesmente na participação pura e simples, mas na participação *nas decisões*, pois são estas que contam.

Ainda há a *democracia comunitária*. Essa forma de democracia, singular dos povos originários da América Latina, é pouco conhecida e reconhecida pelos analistas. Ela nasce da estruturação comunitária das culturas originárias, do norte até o sul de Abya Yala, nome indígena para a América Latina. Ela busca realizar o "bem-viver" que não é o nosso "viver melhor", que implica que muitos vivam pior. O bem-viver é a busca permanente do equilíbrio mediante a participação de todos, equilíbrio entre homem e mulher, entre ser humano e natureza, equilíbrio entre produção e consumo na perspectiva de uma economia do suficiente e do decente, e não da acumulação. O bem-viver implica a superação do antropocentrismo, estando em harmonia e em comunhão com as energias da Terra, do Sol, das montanhas, das águas, das florestas. Trata-se de uma democracia sócio-ecológico-cósmica, na qual todos os elementos são considerados portadores de vida e por isso incluídos na comunidade humana. Só esse tipo de democracia nos permite realizar o que pede a *Carta da Terra*: "tratar todos os seres vivos com respeito e consideração" e "impedir crueldades aos animais".

Aqui cabe bem lembrar o que escreveu o filósofo francês da ecologia, Michel Serres: "A Declaração dos Direitos do Homem teve o mérito de dizer: 'todos os homens têm direitos' e o defeito de pensar: 'só os homens'". Os indígenas, os escravos e as mulheres tiverem de lutar para serem incluídos em "todos os homens". E hoje essa luta inclui a natureza inteira e a Mãe Terra com seus subsistemas; também sujeitos de direitos e, por isso, novos membros da sociedade ampliada.

Democracia sem fim. Esta é uma formulação encontrada pelo cientista político português Boaventura de Souza Santos. Com esta expressão quer entender a democracia na linha do grande teórico italiano sobre a democracia, Norberto Bobbio, que propõe a democracia como valor universal. Em outras palavras: a democracia não se restringe à organização do Estado ou aos procedimentos da governança em todos os sentidos. Trata-se de um valor universal a ser vivido em todos os relacionamentos humanos, sempre e onde se encontram pessoas humanas: na família, na comunidade, nos sindicatos, nos movimentos sociais, nos partidos e, logicamente, no funcionamento do Estado. Democracia sem fim é um projeto aberto que sempre pode ser enriquecido quanto maior for a participação humana e a responsabilização que os cidadãos vão assumindo na construção do bem comum e do *bem-viver e conviver.*

Ademais, a democracia, como sistema aberto, faz com que estejamos caminhando rumo a uma *superdemocracia planetária*. Alguns analistas, como Jacques Attalli (*Uma breve história do futuro*, 2008), imaginam que ela será a alternativa salvadora face a um superconflito que poderá, deixado em livre-curso, destruir a humanidade. Essa superdemocracia resultará de uma consciência planetária baseada na unidade da espécie humana, morando em uma única Casa Comum, no Planeta Terra. Um planeta pequeno, com bens e serviços escassos, superpovoado e ameaçado pelas mudanças climáticas que obrigarão os povos a estabelecerem estratégias e políticas globais, objetivando garantir a vida de todos e as condições ecológicas para que possa continuar a nos dar os bens e serviços necessários para a nossa continuidade. A *Carta da Terra* utiliza duas expressões que assinalam o novo paradigma de civilização: alcançar *"um modo de vida sustentável"* (n. 14) e *"a subsistência sustentável"*. Aqui emerge um *design* ecológico, isto é, uma outra forma de organizar a relação com a natureza, o fluxo das energias e as formas de produção e de consumo que atendam às necessidades humanas, que nos permitem ser mais com menos e que favoreçam a regeneração dos recursos da Terra. Esse *ecodesign* se realiza melhor através do *biorregionalismo,* ao invés de uma globalização destruidora das diferenças. Ele permite criar o "modo sustentável de vida" na medida em que valoriza os territórios e respeita as potencialidades e os limites das biorregiões, com sua cultura local, com a participação ativa das populações e tornando mais fácil o respeito aos ciclos da natureza e a harmonia com a Mãe Terra.

Por fim há uma *democracia socioecológica,* que representa o ponto mais avançado da reflexão política nesta área. Ela se inscreve dentro do novo paradigma cosmológico, que vê a unidade do processo cosmogênico, dentro do qual se situam a natureza, a sociedade e também cada pessoa. Esse tema será abordado com mais detalhes.

6.2 A democracia socioecológica

Este projeto distancia-se dos outros porque quer ser estruturado sobre outra base social e partir de outra relação para com a natureza. É constituído principalmente por todos aqueles que foram excluídos da história brasileira. Vale recordar a tarefa que o Papa Francisco lhes impôs ao falar aos Movimentos Sociais Populares em Santa Cruz de la Sierra (Bolívia, 2015): "Vocês, organizações dos excluídos e tantas organizações de outros setores da sociedade, são chamados a *revitalizar,* a *refundar as democracias* que estão passando por uma verdadeira crise". O papa usa a palavra que está orientando nossas reflexões *"refundar a democracia".* Propõe como tarefa fundamental, em primeiro lugar, colocar a economia a serviço do povo, e não do mercado; em segundo lugar, construir a justiça e uma cultura da paz; e em terceiro lugar, cuidar da Mãe Terra, sem a qual tudo perde sua base de sustentação.

Efetivamente, tais movimentos foram lentamente se organizando na sociedade civil e nos mais diferentes movimentos sociais apoiados por aliados de vários setores da sociedade. Acumularam força e conseguiram se expressar em condutos político-partidários, com condições de disputar a conquista e o controle do poder de Estado.

Para esse projeto, fundamental é construir uma nação autônoma, capaz de democratizar a cidadania; mobilizar a sociedade inteira para erradicar, em curto prazo, a pobreza absoluta; projetar um tipo de desenvolvimento sustentável a partir de uma sociedade sustentável, desenvolvimento que se faça com a natureza, e não contra ela, visando o suficiente e decente para todos, e não a acumulação para poucos.

Construir o Brasil de baixo para cima e de dentro para fora

Até hoje o Brasil foi construído de cima para baixo e de fora para dentro: a partir dos poderes coloniais, depois pelas elites proprietárias e a seguir pelo Estado, em sua ação mobilizadora e intervencionista. Essa lógica sedimentou as desigualdades e agravou as exclusões. Agora importa construí-lo de baixo para cima e de dentro para fora: a partir do povo brasileiro mesmo, que, organizado, toma as rédeas de seu destino, criando aqui uma nação soberana e aberta ao diálogo amplo das civilizações no arco do processo de globalização. É o conteúdo concreto da refundação do Brasil.

Esse intento de refundação instaura uma ruptura fundadora de uma nova história. Estabelece novos fins à sociedade brasileira, que se dá os meios para realizá-los. Esses fins se transformam em compromissos que deverão conferir o perfil a esse projeto libertador. Eles foram trabalhados com grande seriedade por um grupo de analistas e pensadores comprometidos com as lutas do povo e com a construção de uma nova opção: *A opção brasileira* (título do livro de César Benjamin, Emir Sader, Reinaldo Gonçalves, Tânia Bacelar de Araújo, dentre outros).

• *Compromisso com a soberania*, ou seja, definição pelo povo brasileiro de seu próprio destino, dos seus próprios objetivos e dos meios adequados para implementá-los.

• *Compromisso com a solidariedade*, ou seja, colocar em ação todos os meios e capacidades técnicas e culturais objetivando liquidar com os níveis de exclusão e miséria reinantes (10% recebem mais da metade da renda nacional, segundo *Les Echos*. In: *JB on line*, 25/09/2017) e assegurar um nível mínimo e geral de cidadania e autoestima.

• *Compromisso com o desenvolvimento humano e social*, ou seja, a utilização ótima de nossas riquezas naturais e culturais – com as técnicas adequadas aos nossos ecossistemas e com a criatividade e capacidade de trabalho de nossos profissionais e de nosso povo – podem nos conferir autonomia e propiciar ruptura com as dependências externas que nos oprimem.

• *Compromisso com a sustentabilidade*, ou seja, com um desenvolvimento que dê centralidade ao ser humano individual e coletivo, atendendo generosamente as suas necessidades; solidário com as gerações futuras e respeitador do patrimônio natural e cultural que dispomos. Acrescentaríamos ainda o compromisso com o cuidado da Casa Comum, hoje atacada em todas as frentes, e que deve ser amada, cuidada e defendida como a nossa Grande Mãe que tudo nos dá para a nossa vida e de todos os viventes.

• *Compromisso com a democracia integral*, ou seja, com formas cada vez mais participativas em todos os planos da convivência: na família, na escola, na fábrica, nos movimentos sociais, nos partidos, nos meios de comunicação de massa e nas instâncias de poder público, sempre colocadas sob o controle da sociedade civil e do povo. Como enfatizam os autores, "democracia para nós não é palavra vazia; é método e meta, forma e conteúdo, processo e projeto" (p. 151).

São estes compromissos que podem tirar o Brasil da crise histórica e da herança de exclusões que o cindem de cima abaixo e que tanto o envergonham internacionalmente.

O Estado, em parceria com os movimentos sociais, o capital privado e setores do capital mundial que aceitam esse novo caminho brasileiro, promoveria uma retomada diferente do desenvolvimento de cunho social e respeitoso dos limites da Terra, com prioridades para a educação e a saúde do povo, para a criação de empregos e para um mercado interno que atenda às carências básicas da população, e só a seguir as demandas do mercado externo.

Por essa via se consegue articular o crescimento econômico com justiça social e com inclusão das grandes maiorias periféricas, coisa que nunca se conseguiu na história brasileira.

O Brasil oficial, especialmente aquele sob o regime golpista ultraneoliberal a partir de 2016, aderiu, sem discussão prévia, ao projeto-mundo presente na globalização; projeto hegemonizado pelos países centrais em função de seus próprios interesses.

Tal decisão estratégica reforçou nossos laços históricos de dependência e de redução de nossa autonomia-soberania. No projeto da democracia participativa, socioecológica e popular, o Brasil não se furta à globalização. Pelo contrário, entra com sentido de soberania, reafirmando seus interesses, pondo na mesa das negociações o que aporta ao processo global, particularmente sua contribuição para com o patrimônio natural para toda a humanidade (abundância de água-doce, biodiversidade, absorção de dióxido de carbono, oxigenação da atmosfera, manutenção da mancha verde).

Tal contribuição vale muito em termos monetários e financeiros, e a partir disso não aparecemos como devedores, mas credores do mundo. Acolhemos a globalização com a consciência clara do que objetivamente podemos oferecer na base de nossa rica experiência multiétnica, multicultural e multirreligiosa.

A democracia é um ideal e uma realidade. Um *ideal* com as características da utopia e, por isso, sempre aberta para cima e para frente e, no termo, inalcançável. E uma *realidade* naquelas sociedades que tentam concretizar o ideal nas condições histórico-sociais-ecológicas possíveis e, por isso, sempre limitada.

Entre o ideal e a realidade se dá o processo de construção permanente da democracia, na medida em que se amplia a cidadania e o empoderamento dos cidadãos, especialmente das mulheres, sempre postas à margem. Quanto mais esses dois valores forem potenciados, mais e mais haverá democracia e se garantirá sua sustentabilidade.

6.3 Uma democracia na qual todos possam caber, a natureza incluída

A democracia, por sua própria natureza, que se funda na igualdade fundamental de todos os cidadãos, não convive com a exclusão. O ideal é *uma sociedade na qual todos possam caber, a natureza incluída*. Portanto, uma democracia ecológico-social, que configure enriquecimento em nossa compreensão habitual do termo. Ele nos obriga superar um limite interno ao discurso clássico da democracia: o fato de ser ainda antropocêntrica; vale dizer, centrada apenas nos seres humanos, como cidadãos.

O antropocentrismo é um equívoco, pois o ser humano não é um centro exclusivo, como se todos os demais seres somente ganhassem sentido enquanto ordenados a ele. Ele não é *maître et possesseur* (senhor e dono) da natureza, na ilusão de René Descartes, mas é um entre outros na corrente da vida. Todos os seres vivos são parentes entre si, primos e primas, irmãos e irmãs, pois todos possuem o mesmo código genético de base: as quatro bases fosfatadas e os 20 aminoácidos.

O grande jurista argentino Eugenio Raúl Zaffaroni resumiu bem a questão subjacente ao que estamos abordando:

> Desde a tradição grega até o presente se cruzam duas posições, ou somos uns convidados a mais para participar da natureza, ou ela foi criada para ser o nosso *habitat* e dispormos do direito sobre ela (administradores e proprietários, com diferente intensidade de direitos) (*La Pachamama y el humano*, 2012: 23).

Logicamente esposamos a primeira posição: somos partes da natureza, um membro entre outros; seguramente, com sua especificidade: sentir-se conscientemente confraternizado com todos os seres e, ao mesmo tempo, responsável para que todos possam existir e compor a variedade de seres existentes.

Sem as relações com a biosfera, com o meio ambiente e com as precondições físico-químicas, o ser humano não existe nem subsiste. Há elementos muito importantes que devem ser incluídos em nossa compreensão de democracia contemporânea nesta era de conscientização ecológica e planetária, ou seja: a natureza e o ser humano estão indissoluvelmente unidos, de sorte que possuem um mesmo destino comum.

7 Democracia e cosmologia contemporânea

A perspectiva ecológico-social tem, ademais, o condão de inserir a democracia na lógica geral das coisas. Sabemos hoje pelas Ciências da Terra que a lei básica que continua atuando na constituição do universo e de todos os ecossistemas é a sinergia, a simbiose e a relação de todos com todos, em todos os momentos e circunstâncias. Mesmo a sobrevivência do mais forte pela seleção natural de Darwin, em parte válida no reino dos vivos, inscreve-se nesta lei maior e universal. Por ela se garante a diversidade e se inclui também o mais fraco que, no jogo das inter-retro-relações, tem chances de sobreviver.

A especificidade do ser humano, dizem renomados antropólogos, como os chilenos Maturana e Varela, Edgar Morin e Brian Swimme entre outros, consiste no fato de comparecer como ser de socialidade, de cooperação e de convivialidade. Tal singularidade aparece melhor quando o comparamos com os símios superiores, dos quais nos diferenciamos em apenas 1,6% da carga genética. Eles também possuem vida societária, mas se orientam pela lógica da dominação e da hierarquização.

Ao surgir o ser humano, há alguns milhões de anos, ao invés da competitividade e da subjugação, funcionava a cooperação. Concretamente, nossos ancestrais humanoides saíam para caçar, traziam os alimentos e os repartiam socialmente entre si. Esse 1,6% de ácidos nucleicos e de bases fosfatadas que nos diferencia funda o humano enquanto humano, como ser de cooperação.

Ora, a democracia é o valor e o regime de convivência que melhor se adequa à natureza humana cooperativa e societária. Aquilo que vem inscrito em sua natureza é transformado em projeto político-social consciente, fundamento da democracia: a cooperação e a solidariedade sem restrições. Realizar a democracia, da melhor forma que pudermos, significa avançar mais e mais para do reino do especificamente humano. Significa re-ligar-se também mais profundamente com o todo do universo e com a Terra, que são sustentados também pelo princípio da cooperação.

8 Novos cidadãos: a Terra e os seres da natureza

Cosmólogos como Brian Swimme (um dos maiores), Freeman Dyson e Mark Hathaway, entre outros, vêm afirmando com insistência que há de se entender a vida como um momento da história evolutiva do universo, quando a matéria, colocada longe de seu equilíbrio (em situação de caos), se complexifica e se auto-organiza.

A vida humana é um capítulo da história da vida. Como humanos, consoante o mito antigo do cuidado, viemos do húmus (*humus* = homo). Por isso, somos fundamentalmente Terra que, em seu evoluir, chega ao momento de sentir, de pensar, de amar e de venerar. Não vivemos apenas sobre a Terra; somos filhos e filhas da Terra. Melhor ainda: somos a própria Terra que sente, pensa, ama e venera. Em razão disso, notáveis astrofísicos e biólogos como Vernadsky, Lovelock, Mergullis, Lutzemberg, Sathouris, Swimme e Berry, entre outros, sustentam que a Terra é um superorganismo vivo. Ela mostra tal equilíbrio em todos os seus elementos físico-químicos que somente um ser vivo pode revelar. Chamam-na de Gaia, nome mitológico dos gregos para sinalizar a Terra como vivente, ou como Magna Mater e Pacha Mama de nossos indígenas latino-americanos (cf. o minucioso estudo: ZAFFARONI, E.R. *La Pachamama y el humano*, 2012). Se assim é, então a Terra é portadora de subjetividade, de direitos e de relativa autonomia; tanto ela quanto os ecossistemas que a compõem. Há a *dignitas Terrae*, a dignidade da Terra, que reclama respeito e veneração.

Criamos uma máquina de morte capaz de destruir a espécie humana e grande parte da vida da Terra-Gaia. Por isso, não podemos mais excluí-la do novo pacto social planetário, base da sociedade mundial que queremos democrática. Hobbes, Locke, Rousseau e Kant partiam do pressuposto de que o futuro da Terra estava garantido pelas forças diretivas do universo. Hoje não é mais assim. Devastada Gaia, não há mais base para nenhum tipo de cidadania e de democracia.

Se quisermos sobreviver juntos, a democracia tem de ser também biocracia, sociocracia e cosmocracia; numa palavra, democracia ecológico-social que assume a preservação da Terra, incluindo-a no pacto social (cf. ZAFFARONI, E.R. *La Pachamama y el humano*, 2012: 108-123).

Foi em razão dessa consciência que um governo atento ao cuidado ecológico (Governo do Estado do Acre) criou a expressão *florestania*. Por ela se quer sinalizar uma nova forma de relação do cidadão, habitante da floresta. Convive com a floresta, como um novo cidadão; vive de sua biodiversidade, sem agredi-la ou extenuar sua riqueza. Da mesma forma, o movimento da agroecologia está desenvolvendo semelhante compreensão da florestania. Nesse caso se trata de uma nova relação interativa do homem com a natureza, na qual ambos se veem incluídos e respeitados. Poder-se-ia falar de *ecoagriculturania*.

Uma cidade não vive apenas de cidadãos, instituições e serviços sociais. Nela vivem também paisagens, árvores, pássaros, animais, montanhas, pedras, águas, rios, lagos, mares, atmosfera, ar, estrelas no firmamento, o Sol e a Lua. Sem tais realidades morreríamos de solidão, como disse o sábio indígena Seattle em 1854. São os novos cidadãos com os quais devemos aprender a conviver em harmonia. Por isso, faz-se mister uma educação ecológica para que os humanos aprendam a acolher todos os seres como con-cidadãos, no respeito, na justa relação e na irmandade universal. Eis o surgir da democracia ecológico-social, enriquecimento necessário da democracia clássica em tempos de nova consciência ecológica e de responsabilidade pelo futuro comum da Terra e da humanidade.

9 A base biológica da democracia e do socialismo

Hoje não basta só ouvir o grito dos pobres. Na escuta desse grito nasceu, nos anos de 1960, a Teologia da Libertação, em vários países da América Latina e em outros contextos mundiais de pobreza e injustiça.

O grito dos pobres e o grito da Terra

Não só os pobres gritam. A Terra também grita. As águas gritam. Os ecossistemas gritam... Porque são igualmente vítimas da mesma lógica do sistema do capital que explora as classes, os países, as nações, terminando por devastar sistematicamente a natureza inteira.

Hoje, mais e mais cresce a convicção de que a Teologia da Libertação só pode ser integral se incorporar dentro do seu discurso e de sua prática o resgate da Terra, que finalmente é o resgate da vida. Porque a Terra não é um planeta inerte. Não é um baú de recursos incalculáveis, mas finitos, como toda a modernidade técnico-científica a reduziu. A Terra é um organismo vivo, é a *Pachamama* de nossos indígenas, a *Magna Mater* dos antigos e a *Gaia* dos cosmólogos contemporâneos. Numa perspectiva evolucionária, nós seres humanos, nascidos do húmus, somos a própria Terra que chegou a sentir, a pensar, a amar, a venerar e hoje a se alarmar. Terra e ser humano, somos uma única realidade complexa, como bem o viram os astronautas lá da lua ou das suas naves espaciais.

A partir dessa visão se derivam argumentos em favor do projeto socialista. O socialismo, tomado em sua intuição básica, ao dar centralidade ao social e ao todo, pode representar uma forma avançada de resgate da vida, da Terra e do projeto planetário da espécie humana (cf. LÖWY, M. *O que é ecossocialismo*, 2005).

Esse tipo de socialismo não tem nada a ver com o socialismo realmente existente nos tempos da União Soviética. Mais do que socialismo, era um capitalismo de Estado. Quando falamos aqui de socialismo, o entendemos como a radicalização da democracia; quer dizer, da democracia levada a todos os campos, como o expomos anteriormente. Nesse sentido, o socialismo democrático, humanístico e socioecológico representa um dos ideais mais altos e nobres concebidos pela humanidade. É esse que possivelmente triunfará quando a humanidade, finalmente, se der conta de que constitui uma única espécie, habitando numa única Casa Comum, a Terra, compartilhada com toda a comunidade de vida.

A lei fundamental do processo cosmogênico: a cooperação

Há boas razões que secundam a atualização desse tipo de projeto socialista. A primeira delas é a visão que vem da moderna cosmologia; ou melhor, das assim chamadas Ciências da Terra. Segundo essa visão, estamos todos dentro de um único processo cosmogênico, iniciado há 13,7 bilhões de anos e ainda em curso. A lei suprema que preside a evolução aberta é: tudo tem a ver com tudo em todos os pontos e em todos os momentos; tudo está inter-retro--relacionado, e nada existe fora dessa panrelacionalidade. Portanto, nada existe justaposto ou desarticulado. Senão, que as coisas todas são de tal forma interconectadas, que formam um incomensurável sistema. Este é um fio condutor básico de toda a reflexão ecológica que o Papa Francisco faz em sua Encíclica *Laudato Si'* – Sobre o cuidado da Casa Comum (2015, n. 86, 117 e 120).

Assim, a vida é parte do processo da evolução da matéria (que nunca é inerte, mas um centro de grande energia e interatividade), e a vida humana é parte da evolução da vida. As sociedades são momentos desse processo global e devem ser entendidas como expressão da lógica das relações universais. Temos, pois, a ver com uma visão realmente holística e sistêmica.

Ela se encontra bem-expressa na física quântica de Niels Bohr e Werner Heisenberg, primeiros formuladores do novo paradigma de compreensão da realidade panrelacional. Para eles, a centralidade se encontra precisamente na constatação de que a lei suprema do universo, que permitiu que todos os seres chegassem até aqui, é a cooperação, a solidariedade cósmica e a sinergia. Afirma, bela e poeticamente, o Papa Francisco em seu texto sobre ecologia integral:

> O sol, a lua, o cedro e a florzinha, a águia e o pardal: o espetáculo das suas incontáveis diversidades e desigualdades significa que nenhuma criatura basta a si mesma; todas elas só existem na dependência umas das outras, para se completarem mutuamente no serviço umas das outras [...] tudo está interligado (*Laudato Si'* – Sobre o cuidado da Casa Comum, 2015, n. 86 e 117).

Todos somos inter-dependentes e inter-relacionados

Cada um vive pelo outro com o outro para o outro, e todos formam a imensa rede de solidariedade cósmica. Essa realidade é tão forte, que o universo não conhece qualquer ser excluído, não conhece lixo; tudo recicla, tudo transforma e tudo incorpora. Mesmo a visão de Darwin sobre a origem das espécies pela seleção natural e a vitória do mais adaptado e forte se inscreve dentro da lei universal da solidariedade. Alguém é mais adaptado e forte porque tem mais capacidade de relações, e assim de contar com a cooperação dos outros.

Não basta ser simplesmente forte, como os dinossauros. Depois de uma catástrofe ecológica sem precedentes, há 65 milhões de anos, que dizimou mais da metade do capital biótico do Planeta, eles não conseguiram se adaptar com a nova situação e foram condenados a desaparecer.

Não é difícil perceber que o capitalismo vai contra a lei básica do universo, porque não é cooperativo, ele é somente competitivo; representa a "barbárie", a destruição dos laços da convivialidade, das interdependências e das inclusões. Ele é individualista e excludente. Reafirma e magnifica o indivíduo, o *eu*, à custa dos laços do *nós* e da socialidade humana.

O socialismo, ao invés, inscreve-se na lógica global das coisas, é sua expressão histórico-social. O que a natureza prescreve em seu dinamismo interno, ele transforma num projeto político, numa visão consciente do mundo e numa ética de solidariedade, cooperação e inclusão (cf. LÖWY, M. *O que é ecossocialismo*, 2014: 63ss.).

O ser humano como um ser falante e societário

Este argumento se deriva da antropogênese; vale dizer, do processo dentro do qual surgiu o ser humano como um ser diferente de seus semelhantes símios superiores: chimpanzés, gorilas e orangotangos. Na verdade, a carga genética dos seres humanos e dos chimpanzés é quase idêntica; há uma diferença de menos de 2%. Mas nesse menos de 2% reside toda a diferença.

Em que consiste esta diferença? No fato singular da socialidade, no fato de os seres humanos serem seres de cooperação e de convivialidade. Os chimpanzés possuem também vida societária. Mas, diferentemente dos seres humanos, ela se orienta pela lógica da dominação, da hierarquização e do assujeitamento do outro. Por isso, as relações deles são extremamente dominadoras.

Ao surgir o ser humano a partir de um primata comum – também foi a base para os símios superiores – rompeu-se essa lógica. Não sabemos exatamente a data, mas seguramente por volta de três milhões de anos atrás. Pesquisas mais recentes, 1977, levaram às ossadas de uma mulher, Lucy, na África Oriental, na região de Afar, Etiópia.

A lógica mudou absolutamente. Ao invés da competitividade feroz e da vontade de subjugação, passou a funcionar a *cooperação*. Então, em nível humano, aqueles menos de 2% – dos ácidos nucleicos e das bases fosfatadas – que estruturam o humano enquanto humano encontram-se nas relações de cooperação. Esses nossos ancestrais humanoides distribuíam solidariamente os alimentos entre si. Desses laços de solidariedade e como mamíferos superiores desenvolveram mais as relações mãe e filho. O calor da proximidade fez surgir o enternecimento e a relação do cuidado de um para com os outros.

Tal diferença se mostra nas mãos. A mão do ser humano se estende, se adapta ao corpo e é apta para a carícia, ao passo que aquela dos símios superiores não se estende; antes, é adaptada para pegar e segurar.

Foi essa base de solidariedade e partilha que serviu de ambiente para o surgimento da linguagem. Ela supõe um animal amoroso e terno. Na linguagem reside o diferencial humano, sendo fundamentalmente um fenômeno social. Nessa relação social um não precisa justificar sua presença diante do outro, porque sabe que é acolhido; não é tratado como inimigo, mas como companheiro, semelhante, irmão e sócio na aventura da existência.

Essa interpretação da antropogênese é recorrente em grandes nomes das ciências da vida, como os conhecidos cientistas chilenos Humberto Maturana e Francisco Varela ou Fritjof Capra, Christian de Duve e outros.

Como se depreende, o socialismo socioecológico emerge do próprio processo da antropogênese. Ele expressa uma lógica de milhões de anos de convivialidade e de laços de cooperação, apesar de todos os retrocessos e estrangulamentos que a história registra. Mas o que levou a história avante e chegou até nós é a capacidade de o ser humano fazer e refazer os laços de convivência, de nunca colocar a guerra e a exclusão do outro como projeto civilizatório, mas como desvio a ser evitado, limitado, superado ou integrado numa síntese superior humanizadora.

O capitalismo representa a sobrevivência da política do chimpanzé, no dizer de Humberto Maturana (cf. MATURANA, H. & REZEPKA, N.S. *Formação humana e capacitação*, 2000), vale dizer, daquela carga genética que temos em comum com os chimpanzés e que nos faz também, em parte, chimpanzés; parte que ainda não inaugurou o reino do humano com sua força socializadora e cooperativa. Não chegamos ainda à plenitude do humano. Temos de construí-lo historicamente na medida em que formos mais solidários, cooperativos e amigos da natureza e da Mãe Terra.

Essa política chimpanzé, atualizada pelo capitalismo, é caracterizada, segundo esse biólogo chileno, pela apropriação, pela concorrência, pela desconfiança, pelo controle, pelo assujeitamento, pela dominação, finalmente, pela lógica da guerra. Ela não ingressou na dimensão humana do humano, que é a dimensão da colaboração, da convivialidade, do cuidado, melhor expressa no projeto socialista desde os primórdios de sua formulação entre os utopistas cristãos.

Eis as boas razões para defender o projeto socialista. Ele nos torna mais humanos, seres de linguagem comunicativa, seres de relação e de solidariedade irrestrita. Nesse sentido, estamos ainda na antessala de nossa verdadeira humanidade. Penando e sobrevivendo nos quadros do modo de produção capitalista, mundialmente integrado, e invadidos pela cultura do capital, não logramos ainda inaugurar o novo milênio, com uma nova relação de inclusão de toda a humanidade. Dois terços dos humanos vivem em níveis de crueldade e sem piedade, vítimas da voracidade acumuladora da lógica do capital. Só o socialismo socioecológico, como expressão de cooperação igualitária e de convivência pacífica com os diferentes, poderá criar o espaço para nos aflorarmos como humanos plenamente humanos (cf. "Manifesto Ecossocialista Internacional". In: LÖWY, M. *O que é ecossocialismo*, 2005: 103-109).

Se não nos socializarmos não sobreviveremos

O terceiro argumento em favor de uma melhor compreensão do socialismo enriquecido com o momento ecológico nos vem da reflexão especificamente ecológica. Hoje ela ganhou dimensões globais. Todos os relatórios sérios sobre o estado da Terra nos alarmam: seguindo a lógica depredadora e consumista do sistema do capital poderemos ir ao encontro do pior, ao encontro da não sustentabilidade de nosso projeto civilizatório e de um estresse fantástico da biosfera, com a provável dizimação de incontáveis espécies e de seus representantes. Não é impossível que a própria espécie *homo sapiens* e *demens* seja perigosamente ameaçada.

O que se constata de forma irrefutável é que os recursos do sistema-Terra são limitados, e em alguns casos extremamente escassos. Nem refiro ao petróleo, sangue da máquina produtivista mundial, mas de algo mais fundamental para todo o sistema da vida e da comunidade de vida: água potável.

De toda a água do planeta (2/3 são compostos por água), apenas 3% são constituídos por água-doce. Destes 3%, menos de

0,3% é acessível ao uso humano, pois o restante está em geleiras ou em aquíferos, nas regiões profundas da Terra. Devido ao consumo irresponsável de água-doce no processo produtivo, na agroindústria e com maciça utilização de tóxicos e pesticidas, a água não tem tempo de refazer seus nutrientes, tornando-se salobra.

A ONU, em sucessivas reuniões mundiais de estudo e de busca de soluções globais, alertou para o risco que enfrentamos dentro de curto espaço de tempo. Segundo os mais recentes relatórios, nos próximos anos haverá guerras de grande devastação em várias regiões do mundo para garantir acesso à fonte de água potável. Mais do que o petróleo, o urânio e outros materiais, a água potável é o bem mais escasso da natureza. Quem controlar as águas controlará os percursos da vida, pois a água está intimamente ligada à vida em todas as suas formas. Ela é um bem natural, vital, comum e insubstituível e fonte de vida.

Além da água, outros recursos energéticos também são fundamentais para garantir um futuro de vida para todos os humanos e outros seres da comunidade de vida. Todos os bens necessários à vida pertencem ao patrimônio da biosfera e ao patrimônio comum da humanidade. Se não socializarmos esses bens e serviços naturais escassos, não garantiremos um futuro comum para a vida, para a humanidade e para a Terra. Não se trata mais de socialismo em termos ideológicos e, na sua expressão melhor, em termos políticos e alternativos. Trata-se de socialismo como forma de sobrevivência, ou socializamos ou vamos ao encontro de um impasse vital.

Temos de planificar o uso racional desses bens naturais raros em benefício de todos os seres vivos, humanos e não humanos. O planejamento é uma criação do socialismo, e não do capitalismo; este incorporou o planejamento para racionalizar sua produção e garantir melhor seus lucros, mas não para repartir os bens escassos. Então, temos de planificar para socializar os recursos escassos da Terra, a começar pelos mais fundamentais, aqueles que garantem o substrato físico-químico de nossa sobrevivência, como água, solos, sementes, climas, alimentação básica, moradia, trabalho, lazer e educação (que nos permite a comunicação humana mínima). Desta vez não haverá uma arca de Noé que salve alguns e deixe perecer os outros. Ou nos salvaremos todos ou todos pereceremos.

O capitalismo não oferece sinal algum de que queira construir uma arca de Noé para todos. Pelo contrário, ele se encontra dentro de um Titanic que está afundando por razões da destrutividade intrínseca da lógica do próprio capitalismo e de seus agentes: insensíveis, cegos e suicidas. Continuam fazendo negócios à expensa dos bens e serviços limitados da natureza e da exploração da força de trabalho.

Poderão levar a Terra e a humanidade a um estresse jamais visto na história conhecida da Terra ou semelhante àquelas grandes dizimações em eras ancestrais que colocaram sob imenso risco o sistema da vida. Mas nessas eras os seres humanos ainda não haviam imergido no processo de evolução.

O socialismo utópico se abraça com o socialismo histórico
Nos primórdios da formulação do projeto socialista houve um debate clássico entre o socialismo científico, proposto por Marx e Engels, e o utópico, de Saint Simon, Proudhon e Fourier. Marx submeteu a uma crítica dura o socialismo utópico por causa de sua ineficácia, não obstante seu alto poder mobilizador. Em contraposição, lutou pelo socialismo chamado por ele de científico, base para um projeto político consistente e transformador da sociedade capitalista.

Nós conhecemos bem os impasses dessa pretensão, especialmente na expressão do assim chamado "socialismo real" do Leste Europeu. Mas hoje, com a distância do tempo e com as considerações das razões de um e de outro tipo de socialismo, sentimos a necessidade e a utilidade de resgatarmos as duas tradições.

Importa apresentar o socialismo utópico como a grande utopia da humanidade, quiçá, a mais generosa até hoje formulada. Ela é fundamental para inspirar práticas de solidariedade, cooperação e sinergia em todos os campos; particularmente naqueles onde se trata de salvaguardar a vida e o Planeta Terra, como a única Casa Comum que temos para morar.

É urgente fundar o pacto social global que insira todas as tribos da Terra, pacto que inclua a natureza e a Terra como sujeitos de direitos a serem respeitados e cultivados. Os formuladores do pacto social subjacente às atuais sociedades, como Rousseau, Locke e mesmo Kant, jamais incluíram em suas reflexões a natureza e a Terra. Davam por descontado que elas tinham uma existência garantida, que elas garantiam a vida em geral e as bases para a vida social.

Ora, hoje a situação se encontra mudada. A natureza e a Terra não têm garantido seu futuro. Dependem das práticas humanas de destruição, preservação ou de regeneração. Não devemos esquecer que, insanamente, inventamos o princípio de autodestruição que, por sua vez, provoca a instauração do princípio de corresponsabilidade.

No novo pacto social global, expressão dessa corresponsabilidade, somos urgidos a incluir a natureza e a Terra com sua subjetividade. Elas compõem o novo cidadão. Plantas, animais, rios, paisagens, montanhas entram na formação de nossa sociedade ecologizada. Todos os seres da natureza e da criação também têm o direito de existir, de ser respeitados e de conviverem na comunidade terrenal e cósmica. Todos precisamos uns dos outros e somos inter-retro-dependentes. Mais ainda: devemos nos comportar como os garantidores e os guardiães destes direitos ecológicos de toda a criação.

O socialismo utópico sonha com um Planeta Terra integrando todos os seres na imensa comunidade terrenal e biótica. Mas importa passar da utopia para a história, e, então, resgatar a tradição do socialismo, que formula mediações concretas para sua implementação na política, na economia, na educação, nos sistemas de poder, nas comunidades, nas famílias e em todos os relacionamentos com a natureza.

Então o socialismo realizará o sonho de seus fundadores, especialmente de Rosa Luxemburgo e de Antônio Gramsci, de ser a concretização da democracia integral, democracia humana e socioecológica.

Esse socialismo é conatural ao ser humano, como ser de amorosidade, de cooperação, de sinergia, de solidariedade, porque é nesse tipo de relações que se inscreve a singularidade do ser humano enquanto humano, em comunhão e distinto dos demais seres.

Hoje, face aos desafios que a humanidade enfrenta, desafios de vida e de morte, importa que as duas formas de se pensar e viver o socialismo – a utópica e a analítica – se abracem e se deem as mãos. A tarefa é imensa, verdadeiramente messiânica: salvar a vida, salvaguardar a Terra e garantir o futuro do projeto humano.

10 O socialismo como radicalização da democracia não foi ao limbo

A nossa geração viu cair dois muros aparentemente inabaláveis: o muro de Berlim em 1989 e o muro de Wall Street em

2008. Com o muro de Berlim ruiu o socialismo realmente existente, marcado pelo estatismo, o autoritarismo e a violação dos direitos humanos. Com o muro de Wall Street se deslegitimou o neoliberalismo como ideologia política e o capitalismo como modo de produção, com sua arrogância, sua acumulação ilimitada (*greed is good* = a ganância é boa), ao preço da devastação da natureza e da exploração das pessoas.

Apresentavam-se como duas visões de futuro e duas formas de habitar o planeta, agora incapazes de nos dar esperança e de reorganizar a convivência planetária, na qual todos possam caber e que assegurem as bases naturais que sustentam a vida em avançado grau de erosão.

É nesse contexto que ressurgem as propostas vencidas no passado, mas que podem ter agora chance de realização (Boaventura de Souza Santos), como a (1) democracia comunitária e o "bem-viver" dos andinos e (2) o socialismo originário, pensado como uma forma avançada de democracia.

O capitalismo realmente existente (a sociedade de mercado), embora hegemônico, não pode ser apresentado como portador de futuro e de esperança. É tão nefasto que, continuando sua lógica devastadora, pode liquidar com a vida humana sobre o planeta. Hoje ele funciona para uma pequena minoria: 737 grupos econômico-financeiros controlam 80% das corporações transnacionais, e dentro desses 147 grupos controlam 40% da economia mundial (segundo dados do famoso Instituto Tecnológico Suíço), ou os 8 mais ricos que acumulam o equivalente ao que ganham 3,57 bilhões de pobres do mundo (*Relatório da Oxfam Intermon*, de 2017). Tal perversidade não pode prometer nada para a humanidade, senão depauperação crescente, fome crônica, sofrimento atroz, morte prematura e, no limite, o *armagedom* da espécie humana.

Ao socialismo, assumido no Brasil por vários partidos, cabem algumas chances. Sabemos que seu nascedouro se encontra entre ativistas cristãos, críticos dos excessos do capitalismo selvagem como Saint-Simon, Proudhon, Fourier, que se inspiraram nos valores evangélicos e naquilo que se chamou de "A grande experiência", que foram os 150 anos da "república comunista cristã dos guaranis" (1610-1768). A economia era coletivista, primeiro para as necessidades presentes e futuras, e o resto para a comercialização.

Um jesuíta suíço, Clovis Lugon (1907-1991), expôs apaixonadamente o intento com seu famoso livro *A república guarani*: os jesuítas no poder (1968). Um procurador da república brasileiro, Luiz Francisco Fernandes de Souza (* 1962) escreveu um livro de mil páginas: *O socialismo:* uma utopia cristã (2003). Vive os ideais que prega: fez voto de pobreza, vestindo-se simplerrimamente e indo ao trabalho num velho Fusca®.

Os fundadores do socialismo nunca entenderam o socialismo como simples contraposição ao capitalismo, mas como a realização dos ideais proclamados pela revolução burguesa: a liberdade, a dignidade do cidadão, o seu direito de livre-desenvolvimento e a participação na construção da vida coletiva e democrática. Gramsci e Rosa Luxemburgo viam o socialismo como a realização plena da democracia.

A questão básica de Marx (abstraindo a construção teórico-ideológica discutível que criou ao redor disso) era: Por que a sociedade burguesa não consegue realizar para todos os ideais que ela proclama? Produz o contrário do que quer. A economia política deveria satisfazer as demandas humanas (comer, vestir, morar, instruir-se, comunicar-se etc.), mas, na verdade, atende às necessidades do mercado – em grande parte, artificialmente induzidas – e visa um lucro crescente.

Para Marx, a não consecução dos ideais da revolução burguesa não se deve à má vontade dos indivíduos ou dos grupos sociais. É consequência inevitável do modo de produção capitalista, que se baseia na apropriação privada dos meios de produção (capital como terras, tecnologia etc.) e na subordinação do trabalho aos interesses do capital. Tal lógica dilacera a sociedade em classes, com interesses antagônicos, incidindo em tudo: na política, no direito, na educação e até na religião.

Na ordem capitalista as pessoas tendem facilmente, quer queiram ou não, a se tornar desumanas e estruturalmente "egoístas", pois cada qual se sente urgido a cuidar primeiro de seus interesses, e somente depois dos interesses coletivos.

Qual é a saída excogitada por Marx e seguidores? Vamos trocar de modo de produção. No lugar da propriedade privada, vamos introduzir a propriedade social. Mas cuidado, adverte Marx: a troca do modo de produção não é ainda a solução. Ela não garante a nova sociedade, apenas oferece as chances de desenvolvimento dos indivíduos que não seriam mais meios e objetos, mas fins e sujeitos solidários na construção de um mundo realmente com rosto humano.

Mesmo com essas precondições, as pessoas deverão querer viver as novas relações; caso contrário, não surgirá a nova sociedade. Diz mais: "a história não faz nada; é o ser humano concreto e vivo que tudo faz [...]; a história não é outra coisa senão a atividade dos seres humanos buscando seus próprios objetivos".

Tudo está indicando que iremos na direção de uma crise ecológico-social de tal magnitude que, ou assumimos o socialismo, com esse teor humanístico e socioecológico, ou então poremos em risco a nossa própria subsistência no Planeta Terra.

Sétima parte
A utopia da refundação do Brasil

I
AS TRÊS PILASTRAS QUE SUSTENTAM A REFUNDAÇÃO DO BRASIL

A refundação do Brasil deve se basear em algo tipicamente nosso, de tal forma que ganhe uma feição singular, a partir da qual incorporará contribuições vindas das trocas com outras fontes. É próprio do DNA brasileiro "digerir" elementos diferentes e até estranhos, tornando-os seus.

De dimensões continentais (8,5 milhões de quilômetros quadrados), o Brasil possui várias áreas climáticas, como a tropical do Norte, a do semiárido do Nordeste e as temperadas do Sudeste e do Sul.

Vários são os biomas com suas inumeráveis riquezas naturais, como a floresta amazônica, o pantanal, o cerrado, a caatinga, a mata atlântica e os pampas. Ademais, sua costa marinha se apresenta com 3,5 milhões de quilômetros quadrados, com ecossistemas de recifes, corais, dunas, manguezais, lagoas, pântanos e estuários. O Brasil, comparado a outros 17 países, é tido como o mais megadiverso do planeta.

Entre outros elementos, detenho-me em três pilastras que servirão como embasamento para a refundação do Brasil: a natureza, a cultura e o povo brasileiro.

Alguns elementos presentes no Brasil são fundamentais para o sistema-Terra, como a biodiversidade, o potencial de água potável, a maior floresta tropical e úmida do mundo e as substâncias colorantes e farmacológicas, entre outros.

II
AQUI A NATUREZA ESTÁ "PERPETUAMENTE EM FESTA": UMA BIOCIVILIZAÇÃO

Partiremos da natureza que o poeta cantou como "perpetuamente em festa". Ela é de fundamental importância, pois como atestam analistas do curso do mundo, mais e mais estão convencidos de que o futuro da Terra e de nossa civilização estará ligado não mais ao pretendido desenvolvimento sustentável, mas à natureza viva. A civilização mundial será uma biocivilização, cuja centralidade reside na natureza; a vida em suas formas mais diferenciadas. A economia e a política hão de estar a serviço da manutenção da vida.

É preciso levar a sério a advertência do pensador polonês Zygmunt Bauman (1925-2017), pouco antes de morrer:

> Devemos nos preparar para um longo período que será marcado por mais perguntas do que respostas e por mais problemas do que soluções. [...] Estamos, mais do que nunca antes na história, em uma situação de verdadeiro dilema: ou nos damos as mãos uns aos outros ou nos juntamos ao cortejo fúnebre do nosso

próprio enterro em uma mesma e colossal vala comum.

Efetivamente, depois de termos ocupado praticamente todo o espaço terrestre (83%) e devastado os ecossistemas a ponto de colocar em risco nosso próprio futuro, não nos resta outra alternativa senão nos darmos as mãos e voltar à natureza: resgatar o que temos depredado e preservar o que restou. O novo *hegemon* será daqueles países ou grupo de países que detêm as maiores extensões de natureza preservada ou recuperada.

É nesse contexto que o Brasil poderá comparecer como uma potência mundial decisiva para o equilíbrio da Terra, de seus climas e de sua vitalidade. Logicamente, desde que despertemos do sono da ignorância para a vital importância da ecologia e aprendamos a cuidar dos bens e serviços naturais.

1 Brasil: mesa posta para a fome do mundo inteiro

Não comemos minérios nem bebemos petróleo. Alimentar-nos-emos com aquilo que a natureza nos oferta de forma orgânica e natural. As terras agricultáveis do Brasil somam 61 milhões de hectares, segundo a Escola de Agricultura da USP de Piracicaba.

Como dizia Nicholas Georgescu-Roegen (1906-1994), um dos primeiros nos anos de 1960 a ver a dependência da economia em relação à ecologia: "Um dia a humanidade terá de compatibilizar desenvolvimento com retração econômica; caso contrário, pereceremos".

O Brasil poderá ser a mesa posta para a fome e sede do mundo inteiro, caso assumamos nossa responsabilidade face a toda a humanidade e ao seu futuro. Alguns dados dão razão a essa afirmação.

O Brasil possui entre 15% e 25% de toda a biodiversidade da Terra, boa parte ainda desconhecida. Estima-se que seu valor alcança 2 trilhões de dólares anuais. Tal valor excede em muito o PIB brasileiro. Por aí se entende o interesse das grandes corporações em pesquisar e até piratear essa riqueza em função dos negócios e das tecnologias de ponta.

Superficialmente em números, possuímos 60.000 espécies de plantas, 2,5 milhões de espécies de artrópodos (insetos, aranhas, centopeias etc.), 2.000 espécies de peixes, mais de 300 de mamíferos, sem falar no número inimaginável de micro-organismos, principais responsáveis pela vitalidade de Gaia e pelo equilíbrio ecológico geral.

Na sociedade da informação que está se consolidando, essa biomassa representará riqueza maior do que representou o carvão e o petróleo na civilização industrial.

A água potável se transformou num dos bens naturais mais escassos da natureza. De seu total disponível, 30% vão para a agricultura, 20% para a indústria e somente o restante para a sedentação humana e animal. O restante da água-doce está nas altas montanhas geladas ou nos aquíferos profundos, como o do Amazonas, o maior do mundo, Bambuí, Urucuia e Guarani, entre outros.

O Brasil comparece como a potência de água-doce, pois aqui detemos 13% de toda a água potável do mundo, perfazendo 5,4 trilhões de metros cúbicos. Por um complexo mecanismo natural se reciclam somente na Amazônia cerca de 6-7 bilhões de toneladas de água-doce por ano. Água é vida, e não uma mercadoria; um bem natural, vital, comum e insubstituível. Por isso, é antiético colocá-la no mercado visando o lucro, quando seu destino é estar a serviço da manutenção de toda a vida.

Somos enriquecidos com grandes rios, a começar com o Amazonas, o maior do mundo, com 7.100km de extensão; o Paraná, que atravessa o Paraguai, o Uruguai e a Argentina, com 2.960km; o Madeira-Mamoré, com 3.315km; o Purus, que atravessa o Peru e o Acre, com 3.590km; o São Francisco, o rio da unidade nacional, com 2.863km; o Tocantins, com 2.416km; o Araguaia, com 2.115km; o Paraguai, que banha três países: Bolívia, Argentina e Paraguai, com 2.549km, e outros tantos com grande volume de água. Acresce ainda o Pantanal, uma das regiões alagadas mais extensas do mundo.

Mais e mais no mundo se procura evitar a quimicalização artificial dos alimentos e medicamentos. O Brasil, nos seus vários ecossistemas, apresenta uma riqueza natural sem precedentes no mundo.

Sabemos que a biodiversidade é essencial para qualquer economia, especialmente para a agricultura e a produção de alimentos. O café, a soja, a laranja e o girassol, o extrativismo florestal e pesqueiro, a biomassa vegetal, o etanol extraído da cana-de-açúcar, a lenha e o carvão vegetal são produtos da biodiversidade.

A biodiversidade permite a extração dos frutos das palmeiras (açaí, buriti, bacaba, pupunha, cupuaçu etc.), a castanha-do-pará, a carnaúba, o látex da borracha, os óleos e colorantes vegetais das substâncias alcaloides para a farmacologia, de outras substâncias de valor herbicida e fungicida... Tudo isso rende mais do que todo o desflorestamento furioso, que é da ordem de 15ha por minuto.

O conhecimento acumulado por indígenas e caboclos acerca das ervas medicinais e valorizado pela pesquisa científica poderia enriquecer em muito a medicina mundial.

Somente esses poucos dados revelam o privilégio natural de nosso país e a contribuição que poderá oferecer para a sustentação de toda vida e a continuidade de nossa civilização. Por isso, nossa inserção, soberana e solidária, na nova fase da humanidade, a planetária, deve ser generosa e a mais aberta e ecumênica possível.

Uma coisa é certa: sem a natureza não haverá vida, sem vida não haverá humanidade, sem humanidade não haverá espírito e sem espírito não haverá universo, expressão suprema do Espírito.

2 A Amazônia: nem pulmão, nem celeiro, nem selvagem

Nenhum país do mundo pode prescindir da Amazônia. Nem a natureza, nem mesmo a vida. Porque lá se dão as condições físico-químicas-ecológicas e se encontram os nutrientes imprescindíveis para a vida no planeta.

A Amazônia continental compreende 6,5 milhões de quilômetros quadrados, cobrindo dois quintos da área latino-americana (metade do Peru, um terço da Colômbia, grande parte da Bolívia, da Venezuela, da Guiana e do Suriname) e três quintos da área brasileira (3,5 milhões de quilômetros quadrados).

Há mais de 200 milhões de anos (no mesozoico), os rios amazônicos desaguavam no Pacífico. Há 70 milhões de anos, quando os Andes começaram a se soerguer, bloquearam a saída para o Pacífico (cf. MIRANDA, E. *Quando o Amazonas corria para o Pacífico*, 2007). Formou-se um imenso lago interno até encontrar uma saída para o Atlântico, como ocorre atualmente.

A Região Amazônica abriga o sistema fluvial de maior massa hídrica do planeta, drenando mais de 7 milhões de quilômetros quadrados de terra (cf. SIOLI, H. *A Amazônia* – Fundamentos da ecologia da maior região de florestas tropicais, 1985). A superabundância de vida é incalculável. Como diz um dos melhores conhecedores da realidade amazônica, Eneas Salati: "em poucos hectares de floresta amazônica existe um número de espécies de plantas e de insetos maior do que toda a fauna e flora da Europa" (SALATI, E. et al. *Amazônia*: desenvolvimento, integração e ecologia, 1983: 43). Euclides da Cunha, clássico das letras brasileiras pouco conhecido como estudioso da região amazônica brasileira, acertadamente escreveu: "a inteligência humana não suporta o peso da realidade portentosa da Amazônia; terá que crescer com ela, adaptando-se-lhe para dominá-la" (*Um paraíso perdido* – Reunião de ensaios amazônicos, 1976: 15). Mas não devemos nos iludir: esta floresta luxuriante é extremamente frágil, pois se ergue sobre um dos solos mais pobres e lixiviados da Terra.

Ao desfazer os mitos que cercam a Amazônia, também apresentaremos sua riqueza e singularidade.

O primeiro mito é pensar que a Amazônia comparece como o *pulmão do mundo*. Os especialistas nos dizem que se trata de um ledo engano: o oxigênio liberado de dia pela fotossíntese das folhas é consumido pelas plantas de noite e pelos demais organismos vivos. Ela não é, portanto, o pulmão do mundo. Por outro lado, ela funciona como um filtro do dióxido de carbono, fixando-o nos solos e nas árvores. Cada árvore com uma copa de 10 metros de largura emite pelo menos, diariamente, mais de 300 litros de umidade (os chamados rios volantes) que vão trazer as chuvas para o Cerrado, a todo o Sul, atingindo até a Argentina. Portanto, a Amazônia é um grande regulador do aquecimento global devido ao dióxido de carbono que ela sequestra, transformando-o em alimento para as árvores e os solos. Se por uma incúria fatal do agronegócio e do processo industrialista, a Amazônia viesse a ser desmatada, seriam lançados na atmosfera cerca de 50 bilhões de toneladas de dióxido de carbono por ano, tornando impossível a vida dos organismos vivos (cf. FONSECA, D.R. *Estudos de história da Amazônia*, 2007: 11-24).

O segundo mito é imaginar que a Amazônia seria *o celeiro do mundo*, como Von Humboldt e os militares de 1964 preconizavam. A pesquisa demonstrou que a floresta vive de si mesma, e em grande parte para si mesma. Sioli, referido anteriormente, o formulou bem: "a floresta cresce, de fato, *sobre* o solo, mas não vive *do* solo" (*A Amazônia* – Fundamentos da ecologia da maior região de florestas tropicais, 1985: 15). E explica: o solo é tão somente o suporte físico de uma trama intrincada de raízes. As plantas se entrelaçam pelas raízes e se suportam mutuamente pela base. Forma-se um imenso balanço equilibrado e ritmado. Toda floresta se move e dança. Por causa disso, quando uma é derrubada, carrega consigo várias outras.

Uma cadeia fechada de nutrientes garante a exuberância de vida da floresta: os materiais em decomposição no solo, excrementos de animais silvestres, pequenos e grandes, a miríade de insetos que vivem nas copas, o gotejar da água que vem das folhas e alimentam as raízes que, por sua vez, alimentam as plantas. Não é o solo que nutre as árvores; são as árvores que nutrem o solo.

A Amazônia não tem condições de ser o celeiro do mundo. Ela, a bem da verdade, possui muitos tipos de solo, alguns agricultáveis, como "as terras pretas de índios". Mas em grande parte o húmus não passa de 30-40cm, e logo abaixo começa a areia. Os que desmatam e plantam têm duas ou três safras. Logo a seguir, pelas chuvas torrenciais, o húmus é levado embora e então aflora a areia.

Sem a floresta, a Amazônia pode desestabilizar todos os climas da Terra e o regime das chuvas em todo o continente sul-americano. Desmatada, pode se transformar numa imensa savana e até num deserto, semelhante ao Saara, que há mais de 30 mil anos era todo florestado.

Os maiores inimigos da floresta são a motosserra, o trator e as queimadas. O nível de desmatamento, ao invés de diminuir, está crescendo por causa dos grandes projetos, de inúmeras hidrelétricas, do envenenamento das águas pelo garimpo, do avanço voraz do agronegócio e da criação de gado. Estudiosos estimam que a floresta tropical amazônica necessitaria de mil anos para recuperar seu esplendor original (cf. DICKINSON, R.E. (ed.). *The Geophysiology of Amazonia*. Nova York: Wiley and *Sons*, 1987).

Um terceiro mito é a projeção de que o *indígena é um ser selvagem*, genuinamente natural, um representante dos povos da floresta e em plena sintonia com a natureza. Na verdade, os povos originários não são naturais, mas culturais e trabalharam o entorno num sentido diverso do nosso: procurando a preservação e vivendo o sentimento de mútua pertença. Desenvolveram grande manejo da floresta para extrair seus alimentos e medicamentos.

O antropólogo Eduardo Viveiros de Castro nota que "a Amazônia que vemos hoje resultou de séculos de intervenção social, assim como as sociedades que ali vivem são o resultado de séculos de convivência com a floresta" ("Sociedades indígenas e natureza na Amazônia". *Tempo e Presença*, n. 261, 1992: 26). Mil anos antes da chegada dos portugueses em nossas terras, formou-se no interior da floresta uma espécie de Protoestado tupi-guarani. Ele se estendia desde o norte andino até a bacia do Paraguai e do Paraná; portanto, com milhares de quilômetros, com caminhos na selva, com zonas de cultivo de árvores frutíferas e um animado comércio com os andinos e caribenhos. Havia cerca de 1.100 tribos falando línguas de quarenta troncos diversos, subdivididos em noventa famílias diferentes. Tal fato levou a etnóloga Berta Ribeiro a afirmar que "em nenhuma parte da Terra se encontrou uma variedade linguística semelhante à observada na América do Sul tropical" (*Amazônia urgente*: cinco séculos de história e ecologia,

1990: 75). Esse lado da riqueza cultural amazônica é quase desconhecido pela grande maioria dos brasileiros.

Atualmente se trava uma guerra surda contra os indígenas e seus territórios, contra os quilombolas e povos da floresta em geral, realizada pelo grande latifúndio e pela expansão do agronegócio, associado à criação de gado para carne de exportação (para uma visão global cf. GOMES, M.P. *Os índios e o Brasil*, 1998: 65ss.) O lema que se divulga é: "Cem mil índios não podem impedir o desenvolvimento do Brasil". As chacinas são frequentes, como a do Vale do Javari, em setembro de 2017, que praticamente dizimou uma nação inteira que vivia isolada, feita por garimpeiros com a indiferença completa das autoridades de Brasília.

Chico Mendes, o mártir da Amazônia, havia entendido que não se pode aplicar a tecnologia de produção dominante ao bioma amazônico, pois ela é agressiva e não respeita o ritmo da natureza. Por certo, a Amazônia não pode ser tratada como um santuário intocável, mas tem-se necessidade de uma tecnologia adequada àquele ecossistema que saiba extrair riqueza, mas que mantenha a floresta em pé. Em pé ela dá mais lucro do que derrubada.

Chico Mendes projetou as reservas extrativistas que não pertencem a ninguém, pois é um bem comum, das quais se podem extrair infindáveis produtos naturais de significativo valor comercial (cf. MORAN, E. *A economia humana nas populações da Amazônia*, 1990: 404-405). Na véspera do Natal de 1988 ele foi vítima da sanha dos inimigos da natureza e da vida, sendo assassinado com cinco tiros.

Seu legado permanece até os dias de hoje. Foi enriquecido pela política dos irmãos e governadores Jorge e Tião Viana, que projetaram a *florestania*, o correspondente à *cidadania*.

Florestania é a educação dos povos da floresta para extrair de forma racional sua subsistência da riqueza florestal, com respeito e cuidado, e ao mesmo tempo abastecer o mercado com produtos naturais. Vive-se em comunhão com a floresta com o sentimento de mútua pertença e com a missão de cuidar de sua esplêndida riqueza.

Atualmente a Amazônia é objeto da cobiça do grande capital mundial, articulado com o nacional, com o propósito de explorar seus minérios e produtos florestais, dentro da lógica do velho paradigma da dominação e do desrespeito dos limites desse ecossistema extremamente rico, mas muito frágil.

O futuro de uma vida saudável para a humanidade depende, em grande parte, da forma como preservamos a Amazônia. Na parte que nos cabe (pois está em outros países), é administrada pelo Brasil, mas seu valor e significado pertencem ao sistema-vida e ao sistema-Terra. Portanto, representa um bem comum que deve beneficiar a todos.

III
A CULTURA: NICHO DA REFUNDAÇÃO DO BRASIL

A natureza é tudo, pois sem ela não há vida nem cultura. Mas não esqueçamos um dado de importância vital: a fotossíntese. A maior parte dela é feita por microalgas oceânicas; cerca de 80-90% de toda a fotossíntese do Planeta Terra é realizada no mar. Só uma pequena parte dela é feita no exterior, sob a luz solar. Sem a fotossíntese ninguém viveria, pois nos faltaria o oxigênio para respirar e oxigenar nosso sangue.

Apesar da radical dependência da natureza, nós, seres humanos, nunca fomos nem seremos seres naturais, mas seres culturais. Desprovidos biologicamente de órgãos especializados que nos garantam a subsistência (*Mangelwesen*, de Arnold Gehlen), temos de recorrer aos bens da natureza para dela extrairmos tudo o que precisamos.

Fazemo-lo mediante o trabalho, que é a forma normal de relação para com a natureza, tocando-a, modificando-a, transformando-a. O resultado desta diligência é a cultura, transformando-nos em seres culturais.

Bem disse o primeiro-ministro chinês Xi Jinping no seu discurso por ocasião do 19º Congresso Nacional do Partido Comunista Chinês, em 18 de outubro de 2017:

> A cultura constitui a alma de um país e de uma nação. Se a cultura for próspera, o país se tornará próspero; se a cultura for forte, a nação se tornará poderosa. Sem um alto grau de confiança na cultura, sem uma prosperidade cultural, não alcançaremos a grande revitalização da nação. Há que persistir no caminho do desenvolvimento cultural [...] e fomentar a dinâmica de inovação e de criatividade cultural de toda a nação para construir um país culturalmente avançado. [...] A confiança na cultura constitui a força mais fundamental, profunda e duradoura para o desenvolvimento de um país.

Na linha desta sábia reflexão, quando nos referimos à cultura não queremos nos restringir à assim chamada cultura erudita, seja nas artes, na literatura e na parte monumental de uma civilização. Tudo isso conta muito, mas a cultura recobre todos os espaços. Ela quer sinalizar o modo de ser e de viver de um povo; seus mitos fundadores, suas utopias e sonhos, sua forma de se organizar socialmente, de produzir o que necessita para viver e construir a riqueza nacional, as formas de distribuir o poder e ordenar o Estado, a importância das festas, da dança e do futebol e a imagem que projeta de si mesmo pelo cinema, pelas novelas e pelo imaginário coletivo. Tudo, enfim, o que fazemos, recebe uma marca cultural. É o jeito brasileiro de ser.

Então, quando propomos em nosso texto que a cultura brasileira é o nicho e o nascedouro de uma refundação do país significa que devemos assumir aqueles gonzos que articulam nosso modo de ser e de interpretar o mundo, de levar a nossa vida, de elaborar nossos sonhos, de alimentar nosso imaginário, tão diverso, consoante os diversos ecossistemas, e projetar o nosso futuro.

Aí perceberemos que os grandes criadores de cultura tipicamente nossa são as camadas populares; geralmente, aqueles que não contavam pelas elites que detinham o ter, o poder, o saber e o comunicar. Para eles era uma subcultura ou o mundo da ignorância. Nada mais preconceituoso e ignorante. Ignorante é aquele que pensa que o povo é ignorante. Este sabe muito e tem muito a contribuir, desde sua música, uma das mais importantes do mundo, seu artesanato, sua arte pictórica tão bem-retratada por Anita Malfatti, por Portinari, por Di Cavalcanti, entre outros tantos. Todos esses dados, e outros, estão contidos naquilo que chamamos cultura, uma fonte tão fecunda que pode, sim, sustentar um novo ensaio de sociedade que pretende ser mais justa, mais respeitosa das diferenças e mais cuidadosa para com os bens comuns naturais; por fim, mais jovial, fraterna e espiritual.

Junto com a natureza releva enfatizar, portanto, o fato de que a cultura, como tentamos explicá-la, pluridiversa como a brasileira, deverá necessariamente entrar como fator fundamental na refundação do Brasil.

O quadro histórico conflitivo e contraditório da realidade brasileira produziu várias expressões culturais, adequadas às diferentes situações; por isso são divididas, contraditórias e também, paradoxalmente, esperançadoras. Essas várias expressões culturais convivem sincronicamente:

1 A variedade contraditória das culturas no Brasil

Há a *cultura da dominação*, que é pura reprodução de valores, hábitos, gostos, saberes, tecnologias daqueles povos e centros de poder que subalternizam o país. Criam-se então subjetividades coletivas, hiptnotizadas por tudo o que vem dos centros metropolitanos, que nada tem a ver com o nosso meio ecossocial. As elites que assumem essa cultura têm um soberano desprezo pelo povo, considerado como a expressão de atraso e incultura. Têm vergonha de nossa língua e de sua literatura, desde a popular até a erudita.

São as classes ociosas e desfrutadoras que nunca trabalharam e viveram sempre dos privilégios e da exploração. Para elas, o trabalho é tortura (o sentido originário de trabalho: *tres palium* = chicote feito de três paus), coisa para gente pobre, negra, escrava e para o gado. O sociólogo Jessé Souza fez uma devastadora crítica dessa classe em sua vasta obra, principalmente, em *A tolice da inteligência brasileira* – De como o país se deixa manipular pela elite (2015).

Há a *cultura de mimetismo*: ao invés de criação existe imitação servil e adaptação subtropical da cultura dos outros. Não pensamos com nossa própria cabeça, mas com a cabeça dos outros. Não buscamos nossas próprias raízes, mas sugamos parasitariamente das fontes dos outros, ignorantes das virtualidades de nossa língua, da complexidade de nossa história e da criatividade de nosso povo. Isso se manifesta até nas obras literárias, filosóficas e no estilo de consumo de produtos tecnológicos importados. A meca dessa classe é Miami e Orlando, nos Estados Unidos.

Gilberto Freyre, com sua *Casa grande & senzala* (1933), e Sérgio Buarque de Holanda, com o seu *Raízes do Brasil* (1936), são autores importantes para entendermos o Brasil. Entretanto, em suas obras propagaram o entusiasmo pelos Estados Unidos, servindo como modelo de autêntica democracia e de estilo de vida.

Tanto a cultura da dominação quanto a do mimetismo são hegemônicas nos setores dominantes da sociedade. Eles dominam o espaço público da comunicação e conseguem se introjetar na cultura popular. Esta se apresenta cindida entre os elementos antipopulares presentes no popular e os elementos autenticamente populares que traduzem a vida e a luta do povo. Não é difícil encontrar um indígena que vai a Brasília para protestar contra a invasão de suas terras usando camiseta com propaganda da Coca-Cola®.

Tal constatação demanda permanentemente um discernimento crítico para não cairmos no populismo e para reforçarmos as autênticas matrizes populares da cultura. Não nos ajuda o ufanismo de um Conde Afonso Celso (*Por que me ufano de meu país*, 1909), reatualizado pelos militares de 1964 com *slogans* como "Ninguém segura este país", ou "Brasil, ame-o ou deixe-o", e mesmo o poético verso de Jorge Ben Jor: "Moro num país tropical, abençoado por Deus e bonito por natureza". São discursos ambíguos que mesclam o original com o forâneo.

Há *a cultura da resistência* dos oprimidos, que expressa o esforço dos excluídos, dos trabalhadores explorados, dos negros, dos indígenas, das mulheres, dos movimentos sociais populares para resistir à dominação interna e externa. Mesmo tendo que incorporar elementos da cultura dominante, a cultura de resistência é construída a partir da identidade desses atores sociais que preservam, na sua resistência e protestação, a energia originária fundamental para a gestação de um povo independente.

As várias revoluções havidas na Colônia e no Império, nascidas da resistência e, mais do que tudo, na busca de ideais republicanos de justiça social, foram esmagadas com extrema violência, com enforcados ou simplesmente fuzilados, como o mostrou, em sua obra clássica, José Honório Rodrigues: *Conciliação e reforma no Brasil* (1982a).

Há a *cultura da libertação*, própria dos setores dominados que romperam com o paradigma da resistência e do ajustamento forçado, e avançaram na criação de uma nova consciência de libertação, com a consciência de serem um sujeito histórico novo, com projeto alternativo e com práticas inovadoras. Nesse ambiente viceja o projeto de uma refundação do Brasil.

No século passado, importante para essa nova consciência foi a Semana de Arte Moderna de 1922 (emblemático é o famoso "Tupi or not tupi, that is the question", de Oswald de Andrade), e a partir dos anos de 1960 o surgimento da música popular brasileira, do cinema novo, da arte de vanguarda, da pedagogia do oprimido, dos movimentos estudantis libertários e dos inícios da Teologia da Libertação, com bispos proféticos de ressonância mundial, como Dom Helder Camara e o Cardeal Dom Paulo Evaristo Arns.

Em todos esses grupos e nos movimentos sociais, que se contam às centenas no Brasil, desde as lavadeiras, quebradores de coco, movimentos negros, povos da floresta, especialmente o Movimento dos Sem Terra (MST) e o Movimento dos Trabalhadores Sem Teto (MTST), até sindicatos militantes e partidos ou segmentos de partido de extração popular e democrática, nota-se a irrupção de uma cultura de libertação. Essa ganha corpo nas conhecidas "místicas" dos sem-terra, que dramatizam seus problemas, expressam sua indignação com poesias e músicas, dão azo à esperança com canções de engajamento. Tudo é perpassado por símbolos da terra, da arte popular e de expressões artísticas locais.

Essa nova consciência cunhou uma linguagem própria, criou seus símbolos, suas músicas e ritmos, sua arte plástica, seu modo de pintar nossa colorida realidade, seu cinema, seu rico artesanato, possuindo suas referências históricas e especialmente exercendo sua força de organização e de pressão sobre toda a sociedade e sobre o Estado.

É aqui que ganha centralidade o projeto da refundação do Brasil como nação autônoma e aberta, com um desenvolvimento que dê sustentabilidade a uma sociedade aberta e democrática. Esse projeto chegou a sua culminância com a vitória de Lula, filho da pobreza nordestina, para presidente do Brasil, seguido por Dilma Rousseff. Ambos foram combatidos ferreamente pelas classes endinheiradas, associadas às elites intelectuais conservadoras e à mídia empresarial, antipopular e internacionalizada, a ponto de conseguirem dar um golpe parlamentar-jurídico-midiático, destituindo a presidenta eleita. Numa palavra, por trás de tudo isso está a "elite da rapina de curto prazo, sem projeto nacional" (SOUZA, J. *A radiografia do golpe* – Entenda como e por que você foi enganado, 2016).

De nada vale refletirmos sobre a refundação do Brasil a partir da natureza e da cultura se não dermos valor fundamental aos sujeitos portadores destas duas realidades: o povo cidadão e a cidadania popular, como temos abordado.

A cultura da refundação do Brasil. Ao nos referirmos à refundação do Brasil vale assinalar um estudo de grande vigor do cientista político Luiz Gonzaga de Souza Lima: *A refundação do Brasil* – Rumo a uma civilização biocentrada, 2011. Parece-nos o mais bem-fundado sobre o tema que, no contexto da pluricrise brasileira atual (a partir de 2016), ganha especial relevância e atualidade. Adiro a suas teses fundamentais e também à ótica ecológica que introduz, razão pela qual me oriento por suas contribuições e ponderações.

2 O projeto da refundação do Brasil

Ler é sempre reler, e conhecer é sempre interpretar. Esta máxima epistemológica se aplica especialmente a todos os estudos que se empenharam e se empenham em entender o Brasil.

Muitas são as releituras e variadas as interpretações. E como a cabeça pensa a partir de onde os pés pisam, cada ensaio revela o lugar social a partir de onde o intérprete lê e relê o evento-Brasil. Desses vários lugares nasceram interpretações brilhantes, verdadeiras janelas que descortinam dimensões da vasta paisagem brasileira.

Simplificando a questão, com o risco de reducionismo, diria que tudo começou já com a Carta de Pero Vaz de Caminha, com sua leitura ingênua, deslumbrada e paradisíaca do mundo novo que aqui encontrou. Mas era a visão a partir das naves de Pedro Álvares Cabral, e não da praia dos indígenas, coisa que já refletimos anteriormente.

A leitura crítica e refletida, no entanto, ganhou corpo já com Joaquim Nabuco, com seus dois textos clássicos *O abolicionismo* e *Minha formação*. Sua tese básica pode ser resumida no binômio "homens livres", numa sociedade livre e com trabalho livre.

Contribuição inestimável nos deu Gilberto Freyre. Trabalhou a partir da casa grande e da senzala. O eixo articulador é o patriarcado brasileiro, que tem no escravo de engenho seu contraponto, patriarcado não apenas entendido como fase fundadora do Brasil, mas como força social subjacente às atuais estruturas sociais.

Releva enfatizar também a crítica que o sociólogo Jessé Souza faz à ideologia subjacente às obras de Gilberto Freyre e de Sérgio Buarque de Holanda, mencionada anteriormente e que passamos a comentar, ainda que brevemente

Com sua obra vastamente reconhecida, *Raízes do Brasil*, ele reflete o processo de industrialização nascente, particularmente no seu ponto mais visível, São Paulo. Aí surgiu uma nova classe ambiciosa – os capitães da indústria –, que lançou as bases do assim chamado Brasil moderno, embora sempre subalterno e dependente.

Caio Prado Júnior, com a sua *Formação do Brasil contemporâneo* e *A formação econômica do Brasil*, representa o polo oposto, vale dizer: os interesses, as resistências e lutas da classe operária. Teve o mérito de utilizar as categorias adequadas para essa leitura, que são aquelas críticas, elaboradas pela tradição marxista.

Aquilo que não tinha centralidade nem em Freyre nem em Buarque de Holanda – o *proletariado* –, ganha aqui especial relevância, dando-nos conta das gritantes contradições sociais da realidade brasileira.

Na esteira de Caio Prado Júnior, nos quadros da tradição crítica e marxista do processo social, podemos situar Florestan Fernandes com *A revolução burguesa no Brasil*. Trata-se de assinalar as novas relações de poder do capitalismo nascente, que ocupará o aparelho de Estado e, a partir dele, dirigirá o desenvolvimento brasileiro ao redor dos interesses da classe burguesa e dos descendentes da casa grande.

Celso Furtado, o melhor de nossos economistas, tentou em suas muitas obras, mas principalmente em *Formação econômica do Brasil* e na *Formação histórica do Brasil*, interpretar o país no contexto da macroeconomia globalizada, sob a hegemonia norte-americana, e sua inserção subordinada, como sócio menor e dependente. Mas sempre sustentou a ideia, por nós já citada, que o
> desafio maior é mudar o curso da civilização, deslocar o seu eixo da lógica dos meios a serviço da acumulação, num curto horizonte de tempo, para uma lógica dos fins em função do bem-estar social, do exercício da liberdade e da cooperação, entre os povos (*Brasil*: a construção interrompida, 2000: 76).

Enquanto essa virada não ocorrer na história, a construção do Brasil como nação autônoma será incompleta e o tornará incapaz de ajudar na configuração de um outro tipo de civilização.

Darcy Ribeiro, como antropólogo e pensador da cultura, deixou-se impactar pela singularidade do povo brasileiro, feito de muitos povos, mas principalmente de três: do índio, do negro e do europeu, que se mesclaram e geraram esse fenômeno antropologicamente singular da feliz mestiçagem, característica do *povo novo* brasileiro.

Este *povo novo*, assim chamado por Darcy, fruto da mestiçagem, serviu de base para propor uma refundação do Brasil, a partir dele mesmo e com a vocação de ser a grande potência dos trópicos, entusiasticamente proclamada como a Roma dos Trópicos, não uma Roma imperial e dominadora, mas uma Roma cordial, da conciliação dos opostos, da convivência sem preconceitos e da abertura ao abraço a todos os povos.

Roberto DaMatta, antropólogo, afastou-se de leituras mais estruturalistas – e por isso, sob certo sentido, rígidas –, dando centralidade ao fluido cotidiano da vida concreta do povo brasileiro: festas, carnaval, futebol, cultura da malandragem... Importantes são seus dois livros: *Carnavais, malandros e heróis* – Para uma sociologia do dilema brasileiro (1979) e *O que faz o brasil, Brasil?* (1986). Sua leitura é proveitosa, apesar da ausência do elemento de classe, presente em tais fenômenos e não devidamente considerada pelo autor.

Conhecendo todas essas leituras, Luiz Gonzaga de Souza Lima avança uma perspectiva original e de grande força interpretativa com seu texto *A refundação do Brasil* – Rumo a uma civilização biocentrada, 2011. Sua obra é fruto de uma reflexão detida ao longo de mais de 20 anos, feita a partir do Brasil mesmo, e não de uma grelha teórica elaborada fora, nos centros metropolitanos de pensamento.

Seu olhar retrocede longe, numa consideração sucinta mas certeira da evolução da humanidade, focando especialmente a Renascença, período que antecede as grandes "descobertas" (invasões e ocupações) feitas pelos europeus, quando surgiu o espírito científico, e foram lançados as ideias e os sonhos libertários, apesar das obstruções da Igreja Católica e da prepotência dos reis "por direito divino".

Mas seu ponto de partida é o fato brutal, perpetrado pelos europeus, que se outorgaram o direito de invadir e de se apropriar como senhores do território que aqui encontraram, dominando, dizimando e escravizando as populações originárias, e superexplorando a natureza.

Não aportaram por estas bandas, das mais esplêndidas do planeta – que alguns achavam ser o paraíso terrenal preservado –, para fundar uma sociedade, mas para montar uma grande empresa internacional privada, uma verdadeira agroindústria, destinada a abastecer o mercado mundial. Ela resultou da articulação entre reinos, igrejas e grandes companhias como a das Índias Ocidentais, Orientais, a holandesa (de Maurício de Nassau, que existiu antes que houvesse o país Holanda), com navegadores, mercadores, banqueiros, não esquecendo as vanguardas modernas, dotadas de espírito de aventura, de novas ideias e com sonhos de outros mundos por explorar, buscando novos conhecimentos e principalmente enriquecimento rápido.

Ocupada a terra, para cá foram trazidas matrizes exógenas (a cana-de-açúcar, o fumo e depois o café), tecnologias modernas para a época, capitais e mão de obra totalmente escrava, no início indígena e depois africana. Estes foram incorporados ao trabalho forçado e excluídos dos benefícios sociais, negando-lhes a condição humana, tratados como "peças", mercadorias a serem compradas no mercado e como carvão a ser consumido nos engenhos de açúcar, exportado para o mundo inteiro.

Com razão afirma Souza Lima: "o resultado foi o surgimento de uma formação social original e desconhecida pela humanidade até aquele momento, criada unicamente para servir à economia; no Brasil nasceu o que se pode chamar de 'formação social empresarial'".

O Estado não existia como fruto de um contrato social com a população. Ele veio de fora e foi imposto de cima para baixo, e sua função se destinava a organizar politicamente um território econômico, a serviço da grande empresa-Brasil. Aqui tudo virou mercadoria, antes mesmo que Karl Polanyi o tivesse denunciado em 1944 com seu clássico *A grande transformação*, segundo o qual de uma economia de mercado se passou a uma sociedade de mercado.

O capitalismo mundial realizou uma verdadeira revolução interna: desbancou a política, anulou a ética e transformou tudo em mercadoria, em objeto de lucro, numa completa dominação pela instância econômica. Mas tudo isso, antes que fosse dominante nos tempos atuais, foi praticado literalmente no Brasil do século XVI.

Aquilo que não era permitido às vanguardas europeias fazerem em seus países – como ocupar, sem mais nem menos, territórios, escravizar pessoas para a produção, no interesse do lucro –, aqui, nas ocupações, chamadas colônias, feitorias e capitanias, foi feito sem qualquer entrave e escrúpulo. "A formação social empresarial era, na realidade, a Modernidade nascendo [...] um software social moderno em *statu nascendi*".

A Modernidade, no sentido da utilização da razão produtivista, da vontade de acumulação ilimitada e da exploração sistemática da natureza, da criação de vastas populações excluídas e superexploradas, nasceu no Brasil e na América Latina. "O Brasil, nesse sentido, é novo e moderno desde suas origens", observa Souza Lima.

A Europa, finalmente liberada das instituições medievais caducas, só pôde fazer a sua revolução, chamada de modernidade, porque foi sustentada pela rapinagem brutal feita nas colônias que os europeus criaram no mundo inteiro.

Os avanços políticos alcançados – como os direitos humanos, a divisão dos poderes, o sentido mínimo de inclusão social – foram vividos nas metrópoles, mas totalmente negados nas colônias, que continuaram como empresas comerciais, exploradoras, concentradoras e excludentes até para dentro dos séculos XX e XXI, com o intento dos países centrais quererem uma recolonização dos países latino-americanos, principalmente do Brasil, reduzidos a meros exportadores de *commodities*.

Com a independência política do Brasil, a formação social empresarial não mudou sua natureza; ela não se transformou em sociedade nacional plena. Foi sempre e habilmente mantida subalterna e incorporada como parceiro menor do grande negócio mundial, em conluio com os poderes daqui.

Darcy Ribeiro resume o descompasso entre as elites do dinheiro e do povo, e o povo empobrecido.

> O ruim aqui, e efetivo fator causal do atraso, é o modo de ordenação da sociedade, estruturada contra os interesses da população, desde sempre sangrada para servir a desígnios alheios e opostos aos seus. Não há e nunca houve aqui um povo livre, regendo seu destino na busca de sua própria prosperidade. O que houve e o que há é uma massa de trabalhadores explorados, humilhada e ofendida por uma minoria dominante, espantosamente eficaz na formulação e manutenção de seu próprio projeto de prosperidade, sempre pronta a esmagar qualquer ameaça de reforma da ordem social vigente (*O povo brasileiro* – A formação e o sentido do Brasil, 1995: 446).

Todos os impulsos de desenvolvimento ocorridos ao longo de nossa história não conseguiram diluir o caráter dependente e associado que resulta da natureza empresarial de nossa conformação social. A tendência do capital mundial global ainda hoje é tentar transformar nosso eventual futuro em nosso conhecido passado, criando obstáculos à formação de uma nação autônoma e reitora de seu projeto nacional. A ela cabe ser a grande fornecedora de produtos *in natura* para o mercado mundial, sem ou com parca tecnologia e valor agregado. O Brasil foi e é internacionalizado para abastecer as demandas mundiais.

A empresa-Brasil é a categoria-chave, segundo Souza Lima, para se entender a formação histórica do Brasil e o lugar que lhe é assinalado na divisão mundial do trabalho e no processo atual de globalização econômica, profundamente perversa, acumuladora e geradora de pobreza e miséria, numa proporção talvez jamais alcançada antes na história.

Os principais intérpretes do Brasil se referem à empresa-Brasil, mas a veem como um dado inicial e transitório, descurando de sua natureza estruturante. Talvez essa desconsideração se derive do fato de que esses intérpretes assumiram, cheios de boa vontade, categorias de análises válidas para a formação das sociedades capitalistas do centro do sistema, mas que aqui são inadequadas para captar a singularidade do processo histórico-social brasileiro.

É mérito de Souza Lima, a partir da categoria empresa-Brasil, entender o Brasil de ontem e os impasses pelos quais passam os dias atuais. O golpe parlamentar de 2016 se insere claramente dentro dessa lógica. As tradicionais elites de rapina brasileiras se articularam com o centro do poder imperial, especialmente situado nos Estados Unidos, e com esse apoio puderam forjar razões pífias do golpe.

Como comenta, com razão, Jessé Souza: "os golpes sempre foram por mais dinheiro para poucos, e nunca para combater a corrupção" (*A radiografia do golpe* – Entenda como e por que você foi enganado, 2016: 20-40 e todo o primeiro capítulo). Esse foi o pretexto. Ocorre que, quando chegaram ao poder, a corrupção se excedeu. Fez do próprio presidente e seus ministros mais próximos verdadeiras quadrilhas de assalto ao erário público.

Como Souza Lima vê a superação dos atuais embaraços e a gestação de um outro software *social* que nos seja adequado, que represente uma refundação do Brasil, desenhe para nós um futuro diferente e que signifique uma efetiva contribuição à fase planetária da história humana? É nesse ponto que ele se mostra altamente criativo – diria mesmo, entusiasta.

Parte de um dado reconhecido por todos e cheio de promessas: a cultura brasileira. Ela foi elaborada pelos sobreviventes da grande tribulação histórica, pelos escravos e seus descendentes, pelos indígenas que restaram, pelos mamelucos, pelos filhos e filhas da pobreza e da mestiçagem. Gestaram algo singular, não desejado pelos donos do poder, que sempre os desprezaram, os consideram inferiores, ignorantes e desprezíveis, gente para ser gasta mesmo, e, por isso, não reconhecida em sua humanidade, muito menos como filhos e filhas de Deus.

O que se trata agora é refundar o Brasil como sociedade:
> construir, pela primeira vez, uma sociedade humana neste território imenso e belo; é habitá-lo, pela primeira vez, por uma sociedade humana de verdade, o que nunca ocorreu em toda a era moderna, desde que o Brasil foi fundado como uma empresa, a partir da qual todos os humanos, nativos e forasteiros, foram organizados em função dela; fundar uma sociedade é o único objetivo capaz de salvar nosso povo.

Trata-se de passar do Brasil como Estado economicamente internacionalizado para o Brasil como sociedade biocentrada. Essa fundação se assenta sobre novas visões, convicções e valores, mas principalmente sobre o reconhecimento da vida como seu principal fundamento. Como afirma belamente: "refundar é construir uma organização social que busque e promova a felicidade, a alegria, a solidariedade, a partilha, a defesa comum, a união na necessidade, o vínculo, o compromisso com a vida de todos".

Se bem repararmos, todas as sociedades humanas, enquanto humanas, ao longo de todos os tempos, foram construídas sobre tais valores, e não sobre a ganância egoísta e a falta de solidariedade e de compaixão, como foram predominantes no Brasil colonialista e escravocrata, e hoje em nível mundial.

Ao refundar-se como sociedade humana biocentrada, em uma das províncias mais belas e ridentes do planeta, o povo brasileiro deixará para trás a Modernidade, apodrecida pela injustiça e pela ganância, como se constata na atual crise generalizada do sistema e da cultura do capital, no coração mesmo dos países centrais e que está conduzindo a humanidade a acercar-se mais e mais de um abismo.

A Modernidade entre nós, bem ou mal, nos ajudou a forjar uma infraestrutura material que nos concedeu a oportunidade de construir uma biocivilização que ama a vida em todas as suas formas, que convive pacificamente com as diferenças, dotada de incrível capacidade de integrar e de sintetizar, de criar espaços de alegria, de festa, de humor, de espírito lúdico e de religiosidade ecumênica, tão finamente descritas por Roberto DaMatta.

A felicidade não resulta de coisas e de objetos apropriados, mas no trabalho orientado para o atendimento decente das necessidades humanas, e não para a acumulação; resulta também do simples viver em sua espontaneidade e na convivência pacífica e lúdica com tudo o que nos cerca.

É nesse contexto que Souza Lima associa a refundação do Brasil às promessas de um mundo novo, que deve suceder a este que está aí, dia a dia, mais se afundando em suas próprias contradições e perversidades, incapaz de projetar qualquer horizonte de esperança para a humanidade; particularmente, para os mais desvalidos. O atual governo, fruto de uma usurpação, vive à contramão do povo brasileiro e de sua índole. É composto por políticos que não frequentam o cotidiano do povo lutador, de suas casas pobres, mas com algumas flores com a inscrição de frontispício, como dizia o poeta: "Aqui é um lar". É gente humilde, gente boa que nos leva às lágrimas. Aqueles serão, a seu tempo, alijados como traidores de sua pátria e inimigos de seu próprio povo.

A despeito dessas contradições, o Brasil poderá ser um nicho gerador de novos sonhos e da possibilidade real de realizá-los em harmonia com a Mãe Terra e com toda a comunidade de vida. Então será a *Terra da boa esperança*, no dizer de Ignacy Sachs, que tanto estudou e amou o Brasil.

Essa visão sintetiza de forma criadora os padecimentos da história, com a esperança de tempos melhores; representa um cântico de amor ao país e à sua gente.

Trata-se de um sonho, mas necessário. Está dentro de nossas possibilidades históricas torná-lo realidade.

IV
O POVO BRASILEIRO EM FAZIMENTO

Para que a natureza e a cultura possam sustentar a refundação do Brasil, precisa-se de um sujeito histórico que realize esse propósito. Esse é o povo brasileiro que ainda está nascendo, feito inicialmente da mistura de três raças, a indígena, a negra e a ibérica, e depois de representantes vindos de 60 países diferentes. Aqui estão se misturando e miscigenizando num processo ainda em fazimento.

O povo brasileiro ainda não acabou de nascer. Está em avançada gestação. Mas carrega um desafio que, segundo Darcy Ribeiro, é o de "reinventar o humano, criando um novo gênero de gentes, diferentes de quantas haja" (*O povo brasileiro*, 1995: 447); desafio, como vimos, assumido também por Luiz Gonzaga de Souza Lima em seu *A refundação do Brasil* – Rumo a uma civilização biocentrada (2011) e por nós.

Partimos da hipótese de que o sistema mundialmente integrado e o curso da modernização conservadora da política brasileira, ajustada à lógica do sistema global, não farão as mudanças necessárias. Somos forçados a abrir novo caminho, quer dizer, buscar um novo paradigma, que sempre deverá estar, o mais possível, livre da impregnação do velho paradigma.

Este tinha como centralidade o *poder*, exercido como dominação sobre a natureza e sobre os povos, ocupando todos os espaços. Era a vontade de conquista, o paradigma de Alexandre Magno ou Hernán Cortés. Este paradigma, como observou acertadamente o renomado biólogo Edward Wilson, é antivida, pois fez com que o "éden se transformasse num matadouro, e o paraíso ocupado num paraíso perdido" (*O futuro da vida* – Um estudo da biosfera para a proteção de todas as espécies, inclusive a humana, 2002: 121). Devemos passar para o paradigma Francisco de Assis e Chico Mendes, nos quais prevalece o cuidado sobre o poder, a cooperação sobre a competição, a compaixão sobre a indiferença, o amor à natureza sobre sua exploração ilimitada.

1 A centralidade da vida em todas as suas formas

Agora a nova centralidade deve ser conferida à *vida* em sua imensa diversidade e àquilo que lhe pertence essencialmente, que é o *cuidado*. Sem o cuidado necessário nenhuma forma de vida subsistirá (cf. BOFF, L. *O cuidado necessário*. Petrópolis: Vozes, 2012b).

É imperioso enfatizar: a culminância do processo cosmogênico não se dá no antropocentrismo, como se o ser humano fosse a culminância de tudo, e os demais seres só ganhariam significado quando ordenados a ele e ao seu uso. O maior evento da evolução é a irrupção da vida em todas as suas formas. Os biólogos descrevem as condições dentro das quais a vida surgiu, a partir do caos, gerador de grande complexidade. Mas não sabem defini-la. Ela é a emergência mais surpreendente e misteriosa de todo o processo cosmogênico. A vida humana é um subcapítulo do capítulo da vida. Vale enfatizar: a centralidade cabe à vida. A ela se ordena a infraestrutura físico-química e ecológica da evolução, que permite a imensa biodiversidade; dentre ela, a vida humana, consciente, falante e cuidante.

A vida é entendida aqui como auto-organização da matéria em altíssimo grau de interação com o universo e com o todo à sua volta. Em uma leitura espiritualizada, a vida comparece como a suprema expressão da "Fonte Originária de todo o Ser" que chamamos Deus. Ela não vem de fora, mas emerge do bojo do processo cosmogênico ao atingir um altíssimo grau de complexidade. O Prêmio Nobel de Biologia, Christian de Duve, chega a afirmar que em qualquer lugar do universo, quando ocorre tal nível de complexidade, a vida emerge como imperativo cósmico (*Poeira vital – A vida como imperativo cósmico*, 1997). Nesse sentido, o universo está repleto de vida. Ela mostra uma unidade sagrada na diversidade de suas manifestações, pois todos os seres vivos carregam o mesmo código genético de base, que são os 20 aminoácidos e as quatro bases fosfatadas, o que nos torna todos irmãos e irmãs.

Cuidar da vida, fazendo-a expandir e entrar em comunhão e sinergia com toda a sua cadeia, é celebrá-la. Eis o sentido do novo viver dos seres humanos sobre a Terra, também entendida como Gaia, superorganismo vivo, e nós humanos como a porção de Gaia que sente, pensa, ama, fala e venera.

A centralidade da vida implica concretamente assegurar os meios da vida como o trabalho, a saúde, a moradia, a segurança e a educação. Se estandardizarmos em toda a humanidade os avanços da tecnociência já alcançados, permitiremos que todos gozem dos serviços com qualidade que hoje somente setores privilegiados e opulentos têm acesso. Quer dizer, todos teriam alimentos saudáveis, um razoável serviço de saúde, moradias dignas, uma segurança garantida, uma educação de qualidade, espaços e tempos de lazer e de desfrute de todo tipo de arte. Até hoje o saber era poder a serviço da acumulação e da criação de desigualdades; portanto, a serviço do sistema imperante – injusto e desumano. Agora, procura-se um poder a serviço da vida e das mudanças necessárias e exigidas por ela. Impõe-se uma moratória de investigação e de invenção em favor da democratização do saber e das invenções já acumuladas pela civilização para beneficiar os milhões e milhões destituídos da humanidade.

2 O perfil do povo brasileiro *in statu nascendi*

Desta vez, dado o caráter global e urgente da utopia, todos são seus portadores. Mas há os atores principais, aqueles que antes da crise sistêmica incorporaram o sonho de um outro mundo possível. São os movimentos sociais mundiais, que ganharam visibilidade nas várias sessões do Fórum Social Mundial, realizado em várias cidades do mundo. Sem esses sujeitos históricos a utopia evanesce em fantasia.

O Papa Francisco, inaugurando um fato nunca havido antes na história do pontificado romano, reuniu por três vezes os movimentos sociais mundiais em Roma e, para nós, o mais importante aconteceu em Santa Cruz de la Sierra, quando de sua visita à Bolívia em 2015. Lá o pontífice estabeleceu uma certa estratégia aos movimentos, em vista da mudança do rumo do mundo. Em primeiro lugar, lutar pelos três tês: *terra* para trabalhar e cuidar, *teto* para não viver como os animais, e *trabalho* para garantir seu sustento e realizar suas potencialidades.

Mas, em segundo lugar, desafiou os movimentos a serem os profetas do novo e os protagonistas de um mundo alternativo a este antivida. Não devem esperar nada de cima, dos estados e do sistema imperante, porque sempre são mais do mesmo que queremos superar. Sugeriu-lhes três tarefas fundamentais: colocar a economia a serviço da vida, e não do mercado; construir a justiça social, base da paz; e cuidar da Mãe Terra.

Efetivamente aqui se propõe uma direção que pode ser promissora para a gestação de um novo tipo de humanidade com uma nova forma não devastadora de habitar a Casa Comum.

Na realidade brasileira, sem os movimentos sociais populares articulados entre si, formando uma irresistível força político-social, não se implantará a utopia-Brasil-diferente. Nos próximos decênios, suponho, essa frente poderá ser tão irresistível, que imporá à política partidária uma mudança da natureza do poder e uma nova configuração do Estado. Será eleita, certamente, uma figura que representará essas forças articuladas e poderá cumprir o sonho negado há mais de 500 anos.

Agora começará, efetivamente, uma nova história do Brasil, em articulação com a nova história do mundo planetizado.

A refundação do Brasil deve concentrar características da cultura brasileira que nunca ganharam hegemonia e que nunca foram aproveitadas na modelagem do país.

Em alguns intérpretes ganharam traços altamente negativos, como o livro de Paulo Prado, de 1928 (cf. *Retrato do Brasil* – Ensaio sobre a tristeza brasileira, 2012), no qual elenca traços altamente negativos de nossa cultura: a luxúria, a cobiça, a tristeza e a preguiça.

O próprio Sérgio Buarque de Holanda, não obstante os inegáveis méritos de suas pesquisas, considera características nossas, herdadas dos ibéricos: a sobranceria hispânica, o desleixo e a plasticidade lusitanas, o espírito aventureiro e o apreço à lealdade de uns e outros e seu gosto maior pelo ócio do que pelo negócio – apreciação não precisamente positiva.

Fala-se também da famosa preguiça brasileira, atribuída ao índio indolente e ao negro fujão, e até às classes dominantes viciosas. Comenta Darcy Ribeiro: "tudo isto é duvidoso demais frente ao fato do que aqui se fez, e se fez muito, como a construção de toda uma civilização urbana nos séculos de vida colonial" (*O povo brasileiro* – A formação e o sentido do Brasil, 1995: 445). Penso especialmente nos palácios e nas igrejas barrocas de grande beleza, feitas pela mão de obra escrava ou do povo, tido como atrasado e rude.

Também nos parece irreal o indigenismo dos românticos como José de Alencar, Gonçalves Dias e Carlos Gomes, que alçaram o indígena a representante da identidade nacional. O notável pintor Victor Meirelles de Lima (1832-1903), em sua famosa tela *A primeira missa no Brasil*, de 1886, retrata uma atmosfera idílica, com os indígenas piedosos assistindo um rito que certamente não tinham condições de entender. Mas era a exaltação do tropicalismo imaginário e idealizado.

Contrariamente pensa Celso Furtado:

> O distanciamento entre elite e povo será o traço marcante do quadro cultural que emergirá como forma de *progresso* entre nós. As elites, como que hipnotizadas, voltam-se para os centros da cultura europeia. O povo era reduzido a uma referência negativa, símbolo do *atraso*, atribuindo-se significado nulo à sua herança cultural não europeia e negando-se valia à sua criatividade artística. [...] Desprezados pelas elites, os valores da cultura popular procedem seu caldeamento com considerável autonomia em face da cultura das classes dominantes. A diferenciação regional do Brasil deve-se essencialmente à autonomia criativa da cultura de raízes populares (*O longo amanhecer* – Reflexões sobre a formação do Brasil, 1999a: 64-65).

Esse tipo de cultura, bem nossa, funciona como tijolinhos na construção da nova figura do Brasil. O único analista social que aprofundou este caminho foi Luiz Gonzaga de Souza Lima num livro já citado por nós e que não foi ainda suficientemente valorizado: *A refundação do Brasil –* Rumo a uma civilização biocentrada, 2011. Eis algumas características positivas, várias delas desenvolvidas pelo antropólogo Roberto DaMatta em seu livro já citado: *O que faz o brasil, Brasil?* (1986).

• *Riqueza ecológica do Brasil*: já abordada anteriormente e não carece de explanação maior, especialmente a abundância de água e a rica biodiversidade.

• *Cultura relacional*: a persistente dominação impediu entre nós a constituição de uma sociedade civil sustentável e obrigou a permanente negociação e a conciliação dos opostos. Desenvolveu-se no Brasil uma cultura da relação e das alianças que amaciavam a dureza da dominação política e econômica através dos elos de família, das amizades, do compadrio, das malandragens e dos jeitinhos, como o antropólogo Roberto DaMatta detalhou minuciosamente. A mestiçagem de nosso povo pela qual todas as raças se relacionaram para além dos limites de classe e da hierarquia foi fruto desta cultura relacional. O Brasil, por essa sua maneira de somar, juntar, relacionar e sintetizar, agora poderá apresentar uma sociedade mais participativa e inclusiva, oferecendo um contributo indispensável ao processo de globalização.

• *Jeitinho como forma de navegação social*: o jeitinho é uma criação original da sociedade brasileira, com todas as ambiguidades que encerra. É a forma hábil e pacífica de combinar os interesses pessoais com a rigidez da norma; é o modo de contrabalancear a correlação desigual de forças, tirando vantagens da fraqueza; permite-se uma navegação social tortuosa mas pacífica (cf. *O que faz o brasil, Brasil?*, 1986: 93-105).

Acolhendo as críticas que lhe faz Jessé Souza em seu *A tolice da inteligência brasileira* – De como o país se deixa manipular pela elite (2015: 69-88), estimo que essa característica nacional é extremamente útil e até imprescindível em nova sociedade; também na geossociedade, na qual tantos interesses se sobrepõem, opõem e contrapõem. O jeitinho é a forma de conciliar o universal com o singular, em benefício da fluidez e da leveza da vida social e pessoal.

• *Cultura multiétnica e multirreligiosa*: somos um país para o qual afluíram muitíssimas raças de todas as partes da Terra; aqui elas se miscigenaram sem maiores preconceitos, fazendo do mulato a cristalização mais perfeita do encontro das três raças matriciais de nossa brasilidade: o branco, o negro e o índio. Essa experiência cultural serve de base para uma nova humanidade globalizada, feita da coexistência e convivência de todas as tribos da Terra.

Junto com o caráter multiétnico de nossa sociedade também vigora o caráter multirreligioso. Nunca conhecemos guerras religiosas, abstraindo ataques pontuais que se fazem entre as Igrejas neopentecostais e estas com as religiões afro, por meio de programas religiosos de televisão. De um modo geral, não somos fechados e dogmáticos, mas naturalmente abertos e ecumênicos, na convicção de que todas as religiões são portadoras de uma bondade básica, vinda do próprio Deus e para o seu coração. Esses ensaios de diversidade na unidade podem constituir um referencial ao processo de globalização.

• *Criatividade do povo brasileiro*: a criatividade supõe capacidade de improvisação, descoberta de saídas surpreendentes e espontaneidade na ruptura de tabus ligados à tradição ou ao senso comum dominante. Um favelado brasileiro é muito mais criativo do que qualquer cidadão europeu que frequentou universidade e se qualificou profissionalmente, mas se aferrou às normas e à lógica do caminho já convencionado. O pobre inventa mil formas para dar um jeito na vida, resistir, negociar, protelar e sobreviver, mantendo ainda o sentido de humor e de festa. Bem dizia Celso Furtado: "uma sociedade só se transforma se tiver capacidade para improvisar; [...] ter ou não acesso à criatividade, eis a questão" (*O longo amanhecer* – Reflexões sobre a formação do Brasil, 1999a: 79, 67).

Nunca nos faltou capacidade de improvisação; faltou-nos a vontade de governos e elites intelectuais e econômicas de valorizar e aproveitar o enorme potencial criativo do povo e a capacidade de sua canalização racional em benefício de todos. Agora, no novo paradigma, tudo isso ganha centralidade.

A alta criatividade do povo brasileiro, sua inventividade e capacidade de improvisação podem consolidar a refundação e estimular uma globalização mais dinâmica e flexível.

• *A aura mística da cultura brasileira*: a mística faz crer que existe um outro mundo dentro deste mundo e que o invisível faz parte do visível. Essa realidade é vivida no cotidiano do povo brasileiro. Daí a aura de reverência e de respeito que pervade as dimensões da vida ligadas ao sagrado e ao religioso, às festas, às bênçãos, às romarias e às promessas. Crer significa romper com o mundo da pura razão, da funcionalidade das instituições e da lógica linear, para as quais não há e não deve haver surpresas. Crer é abrir espaço para o imprevisto, para a magia e para o "milagre" de que as coisas podem, de repente, mudar e ganhar outra configuração que abre um horizonte de esperança para a vida humana.

Essa dimensão mística, comum ao povo brasileiro e assumida no processo de globalização, seguramente tornará leve, fluida e esperançadora a destinação da Terra e da humanidade.

• *O lado lúdico do povo brasileiro*: a consequência da criatividade e da mística são a suavidade e o humor que marcam a cultura brasileira. Há alegria no meio do sofrimento e sentido de festa no meio da tribulação. Isso porque vigora a crença de que a vida vale mais do que todas as coisas particulares e que essa vida se inscreve sob o arco-íris da benevolência divina. Ela, por pior que seja, vale a pena ser assumida, amada e celebrada. Por isso, tudo é motivo para a descontração, humor e festa. Tal atmosfera confere um caráter de jovialidade ao modo de ser brasileiro, que se revela pelo sentido de hospitalidade e de acolhida das pessoas; especialmente estrangeiras. Nunca perdemos a capacidade de nos extasiar e magnificar diante das coisas, especialmente novas e inovadoras.

Essa dimensão é igualmente necessária ao processo de globalização, pois impede que os dramas virem tragédias e que se tolha a esperança e o sentido da vida. Isso nos faz lembrar a frase que fecha a encíclica de ecologia integral do Papa Francisco: "Caminhemos cantando; que as nossas lutas e a nossa preocupação por este planeta não nos tirem a alegria da esperança" (Encíclica *Laudato Si'* – Sobre o cuidado da Casa Comum, 2015, n. 244).

• *Um povo de esperança*: uma virtude é cardeal para a alma brasileira: a esperança. Ela projeta continuamente visões otimistas. Assim cantam as Comunidades Eclesiais de Base: "Virá um dia em que todos, ao levantar a vista, veremos, nesta terra, reinar a liberdade". Agora, finalmente, foram criadas as condições para reinar a liberdade para todos.

Essa carga utópica ajudará a nova geossociedade a reforçar um horizonte utópico imprescindível para a continuidade da aventura humana por esse planeta azul-branco.

3 Brasil: a Roma dos trópicos?

Nas palavras entusiastas de Darcy Ribeiro no entardecer de sua vida, na verdade das coisas, o que somos é a nova Roma. Uma Roma tardia e tropical. O Brasil já é a maior das nações neolatinas, pela magnitude populacional e começa a sê-lo também por sua criatividade artística e cultural. [...] Estamos nos construindo na luta para florescer amanhã como uma nova civilização mestiça e tropical, orgulhosa de si mesma. Mais alegre porque mais sofrida. Melhor, porque incorpora em si mais humanidade. Mais generosa, porque aberta à convivência com todas as raças e todas as culturas, e porque assentada na mais bela e luminosa província da Terra (*O povo brasileiro* – A formação e o sentido do Brasil, 1995: 448-449).

Em suma, a utopia da refundação do Brasil tem condições de se realizar agora, numa nova fase da Terra e da humanidade. Ela esconde uma energia poderosíssima. Mas poderá ficar estéril se não encontrar mediações econômicas, políticas e culturais concretas para sua implementação.

O futuro esperançador não pode ser amarrado ao presente desolador. O futuro deve ficar sempre aberto. Nele habita a utopia, que não está livre de incertezas que devem ser superadas. Assumi-las impede atitudes impensadas e afoitas. Por outro lado, permite uma atitude de quem está disposto a se corrigir sempre, a melhorar continuamente e deixar a história aberta ao surpreendente. Como dizia um sábio pré-socrático: devemos estar atentos ao surpreendente; caso contrário, ele acontecerá sem que nós o tenhamos percebido.

O surpreendente é que do meio do presente caos de nossa realidade brasileira, como no caso da vida que irrompeu do caos, poderá acontecer a emergência de um outro tipo de Brasil, fruto da vontade invencível de realizar sua refundação.

Conclusão
Brasil, nosso sonho bom: a sua refundação

1) O povo brasileiro se habituou a "enfrentar a vida" e a conseguir tudo "na luta e na marra"; quer dizer, superando dificuldades e com muito trabalho. Por que não iria "enfrentar" também o derradeiro desafio de fazer as mudanças necessárias para criar relações mais igualitárias e acabar com a corrupção, refundando a nação?

2) O povo brasileiro ainda não acabou de nascer. O que herdamos foi a empresa-Brasil com uma elite escravagista e uma massa de destituídos. Mas do seio dessa massa nasceram lideranças e movimentos sociais com consciência e organização. Seu sonho? Reinventar o Brasil. O processo começou a partir de baixo, e não há mais como detê-lo, nem pelos sucessivos golpes sofridos como o de 1964, civil-militar, e o de 2016, parlamentar-jurídico-midiático.

3) Apesar da pobreza, da marginalização e da perversa desigualdade social, os pobres sabiamente inventaram caminhos de sobrevivência. Para superar essa antirrealidade, o Estado e os políticos precisam escutar e valorizar o que o povo já sabe e inventou. Só então teremos superado a divisão elites-povo e seremos uma nação não mais cindida, mas coesa.

4) O brasileiro tem um compromisso com a esperança. É a última que morre. Por isso, tem a certeza de que Deus escreve

direito por linhas tortas. A esperança é o segredo de seu otimismo, que lhe permite relativizar os dramas, dançar seu carnaval, torcer por seu time de futebol e manter acesa a utopia de que a vida é bela e que amanhã pode ser melhor. A esperança nos remete ao *princípio-esperança*, de Ernst Bloch, que é mais do que uma virtude; é uma pulsão vital que sempre nos faz suscitar novos sonhos, utopias e projeto de um mundo melhor.

5) O medo é inerente à vida porque "viver é perigoso" (Guimarães Rosa) e porque comporta riscos. Estes nos obrigam a mudar e reforçam a esperança. O que o povo mais quer – não as elites – é mudar para que a felicidade e o amor não sejam tão difíceis. Para isso precisa articular constantemente a indignação face às coisas ruins e a coragem para mudá-las. Se é verdade que somos o que amamos, então construiremos uma "pátria amada e idolatrada", que aprendemos a amar.

6) O oposto ao medo não é a coragem, mas a fé de que as coisas podem ser diferentes e que, organizados, podemos avançar. O Brasil mostrou que não é apenas bom no carnaval e no futebol, mas que pode ser bom na agricultura, na arquitetura, na música e na sua inesgotável alegria de viver.

7) O povo brasileiro é religioso e místico. Mais do que pensar em Deus, ele sente Deus em seu cotidiano, que se revela nas expressões: "Graças a Deus", "Deus lhe pague", "Fique com Deus". Para o brasileiro, Deus não é um problema, mas a solução de seus problemas. Sente-se amparado por santos e santas e por bons espíritos que ancoram sua vida no meio do sofrimento.

8) Uma das características da cultura brasileira é a jovialidade e o sentido de humor, que ajudam a aliviar as contradições sociais. Essa alegria jovial nasce da convicção de que a vida vale mais do que qualquer outra coisa. Por isso deve ser celebrada com

festa, e diante do fracasso, manter o humor que o relativiza e o torna suportável. O efeito é a leveza e o entusiasmo que tantos admiram em nós.

9) Há um casamento que ainda não foi feito no Brasil: entre os saberes acadêmico e o popular. O saber popular é "um saber feito de experiências", que nasce do sofrimento e dos mil-jeitos de sobreviver com poucos recursos. O saber acadêmico nasce do estudo, bebendo de muitas fontes. Quando esses dois saberes se unirem, teremos reinventado um outro Brasil, e todos seremos mais sábios.

10) O cuidado pertence à essência do humano e de toda a vida. Sem ele adoecemos e morremos. Com cuidado, tudo é protegido e dura muito mais. O desafio hoje é entender a política como cuidado do Brasil, de sua gente – especialmente dos mais pobres e discriminados –, da natureza, da educação, da saúde, da justiça. Esse cuidado é a prova de que amamos o nosso país.

11) Uma das marcas do povo brasileiro é sua capacidade de se relacionar com todos, de somar, juntar, sincretizar e sintetizar. Por isso, geralmente ele não é intolerante nem dogmático. Gosta de acolher bem os estrangeiros. Ora, esses valores são fundamentais para uma globalização de rosto humano. Estamos mostrando que ela é possível e a estamos construindo. Infelizmente, nos últimos anos surgiu, contra a nossa tradição, uma onda de ódio, discriminação, fanatismo, homofobia e desprezo pelos pobres (o lado sombrio da cordialidade, segundo Buarque de Holanda), que nos mostra que somos, como todos os humanos, *sapiens e demens*, e agora *mais demens*. Mas isso seguramente passará, predominando a convivência mais tolerante e apreciadora das diferenças.

12) O Brasil é a maior nação neolatina do mundo. Temos tudo para ser também a maior civilização dos trópicos; não impe-

rial, mas solidária com todas as nações, porque incorporou em si representantes de 60 povos diferentes que para aqui vieram. Nosso desafio é mostrar que o Brasil pode ser, de fato, uma pequena antecipação simbólica de um paraíso não totalmente perdido e sempre resgatável: a humanidade unida, una e diversa, sentada à mesa em fraterna comensalidade, desfrutando dos bons frutos de nossa boníssima, grande e generosa Mãe Terra.

REFERÊNCIAS

ALBUQUERQUE, M.M. *Pequena história da formação social brasileira*. Rio de Janeiro: Graal, 1991.

ALENCAR, C. *BR 500* – Um guia para a redescoberta do Brasil. Petrópolis: Vozes, 1999.

ARRUDA, M. *Tornar o real possível* – A formação do humano integral: a economia solidária, desenvolvimento e o futuro do trabalho. Petrópolis: Vozes, 2006.

_____. *Humanizar o infra-humano* – A formação do humano integral: *homo evolutivo*, práxis e economia solidária. Petrópolis: Vozes, 2003.

ARRUDA, M. & BOFF, L. *Globalização*: desafios socioeconômicos, éticos e educativos. Petrópolis: Vozes, 2000.

ATTALLI, J. *Uma breve história do futuro*. São Paulo: Novo Século, 2008.

AZEVEDO, T. *A religião civil brasileira, um instrumento político*. Petrópolis: Vozes, 1981.

BARBOSA, L. *O jeitinho brasileiro*. Rio de Janeiro: Campus, 1992.

BEIGUELMAN, P. *Formação política do Brasil*. São Paulo: Pioneira, 1976.

BENJAMIN, C. & BACELAR, T.A. *Brasil*: reinventar o futuro. Rio de Janeiro: Sindicato dos Engenheiros do Estado do Rio de Janeiro, 1995.

BENJAMIN, C. et al. *A opção brasileira*. Rio de Janeiro: Contraponto, 1998.

BEOZZO, J.O. *A Igreja no Brasil*. Petrópolis: Vozes, 1994.

BOFF, L. *Sustentabilidade*: o que é – o que não é. Petrópolis: Vozes, 2012a.

_____. *O cuidado necessário*. Petrópolis: Vozes, 2012b.

_____. *Depois de 500 anos*: que Brasil queremos? Petrópolis: Vozes, 2000.

BOSI, A. *Dialética da colonização*. São Paulo: Companhia das Letras, 1992.

BUARQUE, C. *A segunda abolição*. Rio de Janeiro: Paz e Terra, 1999.

BUARQUE DE HOLANDA, S. *Raízes do Brasil*. Rio de Janeiro: José Olympio, 1936.

BURZTYN, M. *O país das alianças* – As elites e o continuísmo no Brasil. Petrópolis: Vozes, 1990.

CARONE, E. *Revoluções do Brasil contemporâneo*. São Paulo: Desa, 1965.

CASALI, A. *Elite intelectual e restauração da Igreja*. Petrópolis: Vozes, 1995.

CHAUÍ, M. "500 anos – Cultura e política no Brasil". *Revista Crítica de Ciências Sociais*, n. 38, dez./1993, p. 52-53 [Disponível em http://www.ces.uc.pt/rccs/index.php?id=515&id_lingua=1].

CRUZ COSTA, J. *Contribuição ao estudo das ideias no Brasil*. Rio de Janeiro: José Olympio, 1956.

CUNHA, E. *Um paraíso perdido* – Reunião de ensaios amazônicos. Petrópolis: Vozes, 1976.

DaMATTA, R. *O que faz o brasil, Brasil?* Rio de Janeiro: Rocco, 1986.

_____. *Carnavais, malandros e heróis* – Para uma sociologia do dilema brasileiro. Rio de Janeiro: Zahar, 1979.

DICKINSON, R.E. (ed.). *The Geophysiology of Amazonia*. Nova York, Wiley and *Sons*, 1987.

DOS SANTOS, T. *Evolução histórica do Brasil*: da colônia à crise da "nova República". Petrópolis: Vozes, 1995.

_____. *O caminho brasileiro para o socialismo*. Petrópolis: Vozes, 1986.

DOWBOR, L. *Democracia econômica*. Petrópolis: Vozes, 2010.

DREIFUSS, R.A. *1964: a conquista do Estado* – Ação política, poder e golpe de classe. Petrópolis: Vozes, 2006.

_____. *O jogo da direita*. Petrópolis: Vozes, 1989.

DUSSEL, E. *1492* – O encobrimento do outro. Petrópolis: Vozes, 1993.

DUVE, C. *Poeira vital* – A vida como imperativo cósmico. Rio de Janeiro: Campus, 1997.

FAORO, R. *Os donos do poder*. Rio de Janeiro: Globo, 1958.

FAUSTO, B. *História geral da civilização brasileira*. 3 vols. São Paulo: Difel, 1981.

FONSECA, D.R. *Estudos de história da Amazônia*. Porto Velho: Maia, 2007.

FREYRE, G. *Casa grande & senzala*. Rio de Janeiro: José Olympio, 1936.

FURTADO, C. *O longo amanhecer* – Reflexões sobre a formação do Brasil. Rio de Janeiro: Paz e Terra, 1999a.

_____. *O capitalismo global*. Rio de Janeiro: Paz e Terra, 1999b.

_____. *Brasil*: a construção interrompida. Rio de Janeiro: Paz e Terra, 1993.

_____. *Formação econômica do Brasil*. Rio de Janeiro: Fundo de Cultura, 1964.

GENRO, T. *O futuro por armar* – Democracia e socialismo na era globalitária. Petrópolis: Vozes, 1999.

GOMES, M.P. *Os índios e o Brasil*. Petrópolis: Vozes, 1998.

GOMES DE SOUZA, L.A. *Os estudantes católicos e a política*. Petrópolis: Vozes, 1984.

GUILHERME, W. *Introdução ao estudo das contradições sociais no Brasil*. Rio de Janeiro: Iseb, 1963.

HOORNAERT, E. *O cristianismo moreno do Brasil*. Petrópolis: Vozes, 1991.

_____. *Formação do catolicismo brasileiro, 1550-1880*. Petrópolis: Vozes, 1974.

LEERS, B. *Jeito brasileiro e norma absoluta*. Petrópolis: Vozes, 1982.

LIMA, L.G.S. *A refundação do Brasil* – Rumo a uma civilização biocentrada. São Carlos: RiMa, 2011.

_____. *Evolução política dos católicos e da Igreja no Brasil*. Petrópolis: Vozes, 1979.

LÖWY, M. *O que é ecossocialismo*. São Paulo: Cortez, 2014.

_____. *Ecologia e socialismo*. São Paulo: Cortez, 2005.

LUGON, C. *A república guarani*: os jesuítas no poder. Rio de Janeiro: Paz e Terra, 1968.

MATTOSO, K.M.Q. *Être esclave au Brésil XVI-XIX siècles*. Paris: L'Harmattan, 1994.

MATURANA, H. & REZEPKA, N.S. *Formação humana e capacitação*. Petrópolis: Vozes, 2000.

MENDES, C. *Memento dos vivos* – A esquerda católica no Brasil. Rio de Janeiro: Tempo Brasileiro, 1966.

MIRANDA, M. *Quando o Amazonas corria para o Pacífico*. Petrópolis: Vozes, 2007.

MONIZ BANDEIRA, L.A. *A desordem mundial*. Rio de Janeiro: Civilização Brasileira, 2015.

MORAN, E. *A economia humana nas populações da Amazônia*. Petrópolis: Vozes, 1990.

MOREIRA-ALVES, M. *L'eglise et la politique au Brésil*. Paris: Cerf, 1964.

POLANYI, K. *A grande transformação*. 2. ed. Rio de Janeiro: Campus, 2000.

PRADO, P. *Retrato do Brasil* – Ensaio sobre a tristeza brasileira [1928]. 10. ed. São Paulo: Companhia das Letras, 2012 [org. de Carlos Augusto Calil].

PRADO JÚNIOR, C. *A revolução brasileira*. São Paulo: Brasiliense, 1966.

_____. *Formação do Brasil contemporâneo*. São Paulo: Brasiliense, 1945.

PRIGOGINE, I. *A nova aliança*. Brasília: UnB, 1984.

RIBEIRO, B. *Amazônia urgente*: cinco séculos de história e ecologia. Belo Horizonte: Itatiaia, 1990.

RIBEIRO, D. *O povo brasileiro* – A formação e o sentido do Brasil. São Paulo: Companhia das Letras, 1995.

RIBEIRO, H. *A identidade do brasileiro*: capado, sangrado e festeiro. Petrópolis: Vozes, 1994.

RIBEIRO DE OLIVEIRA, P. *Religião e dominação de classe* – Gênese, estrutura e função do catolicismo romanizado no Brasil. Petrópolis: Vozes, 1986.

RODRIGUES, J.H. *Conciliação e reforma no Brasil*. Rio de Janeiro: Nova Fronteira, 1982a.

_____. *Brasil e África*: outro horizonte. 2. ed. Rio de Janeiro: Civilização Brasileira, 1982b.

SACHS, I. *Ecodesenvolvimento*: crescer sem destruir. São Paulo: Vértice, 1986.

SALATI, E. et al. *Amazônia*: desenvolvimento, integração e ecologia. São Paulo/Brasília: Brasiliense/CNPq, 1983.

SAMPAIO, P.A. *Entre a nação e a barbárie* – Os dilemas do capitalismo dependente. Petrópolis: Vozes, 1999.

SCHWARCZ, L.M. & STARLING, H.M. *Brasil*: uma biografia. São Paulo: Companhia das Letras, 2015.

SCHWARTZMAN, S. *Bases do autoritarismo brasileiro*. Rio de Janeiro: Campus, 1982.

SIOLI, H. *A Amazônia* – Fundamentos da ecologia da maior região de florestas tropicais. Petrópolis: Vozes, 1985.

SODRÉ, N.W. *Formação da sociedade brasileira*. Rio de Janeiro: José Olympio, 1946.

SOUZA, J. *A elite do atraso* – Da escravidão à Lava Jato. São Paulo: Leya, 2017.

_____. *A radiografia do golpe* – Entenda como e por que você foi enganado. São Paulo: Leya, 2016.

_____. *A tolice da inteligência brasileira* – De como o país se deixa manipular pela elite. São Paulo: Leya, 2015.

SOUZA, L.F.F. *O socialismo*: uma utopia cristã. São Paulo: Casa Amarela, 2003.

TELES, E. "Estratégias da violência se fundam no genocídio de negros, pobres e mulheres". *Le Monde Diplomatique*, ago./2017.

VENTURA, Z. *1968*: o ano que não terminou. São Paulo: Planeta, 2008.

VIDAL, J.W. *De Estado servil à nação soberana*. Petrópolis: Vozes, 1987.

VIVEIROS DE CASTRO, E. "Sociedades indígenas e natureza na Amazônia". *Tempo e Presença*, n. 261, 1992.

WHITE, F. *The Overview Effect*. Boston: Houghton Mifflin Company, 1987.

WILSON, E. *O futuro da vida* – Um estudo da biosfera para a proteção de todas as espécies, inclusive a humana. Rio de Janeiro: Campus, 2002.

ZAFFARONI, E.R. *La Pachamama y el humano*. Buenos Aires: Madres de la Plaza de Mayo, 2012.

ZOJA, L. *Utopie minimaliste* – Un mondo più desiderabile anche senza eroi. Milão: Chiarelettere, 2013.

ÍNDICE

Sumário, 7

Introdução – Assim como está o Brasil tem jeito?, 9

Primeira parte – Precondições gerais para a refundação do Brasil, 15

I – Quatro leituras do Brasil: de colonizado no passado ao recolonizado no presente, 17

    1 O Brasil visto a partir da praia: a invasão, 18

    2 O Brasil visto a partir das caravelas: o descobrimento/encobrimento, 20

    3 O Brasil visto a partir dos colonizadores: a empresa-Brasil, 21

    4 O Brasil visto a partir do Brasil: a invenção, 23

II – Quatro nós górdios que dificultam a refundação do Brasil, 25

    1 O primeiro nó górdio: o genocídio indígena, 26

    2 O segundo nó górdio: o passado colonial, 26

    3 O terceiro nó górdio: a escravidão, 27

    4 O quarto nó górdio: o patrimonialismo e a corrupção, 29

III – O Brasil no processo de planetização, 31

    1 O que significa planetização/globalização, 31

    2 O desafio de construir a Terra, 32

IV – A geopolítica da nova Guerra Fria e a crise brasileira, 35

    1 A crise como processo de acrisolamento, 35

    2 A nova Guerra Fria: Estados Unidos X China, e o Brasil, 38

Segunda parte – Suposições gerais para uma refundação do Brasil, 43

I – A corrupção, mal endêmico da política brasileira, 45

    1 O conceito de corrupção: sua origem histórico-social, 45

    2 As raízes da corrupção no Brasil, 47

    3 O poder absoluto corrompe absolutamente, 49

    4 Como combater a corrupção, 51

    5 Tudo virou mercadoria – o tempo da corrupção geral, 52

    6 Como fica a consciência dos corruptos?, 57

    7 A consciência persegue o corrupto, mesmo que ninguém o persiga, 60

II – O resgate da esperança e do princípio-esperança, 64

    1 Resgatar o pensamento utópico, 64

    2 Alimentar o princípio-esperança, 66

    3 O valor das utopias minimalistas: as melhorias possíveis, 67

    4 Não perder o sonho de 2013 de refundar o Brasil, 71

5 A secreta força política da esperança, 75

III – O antropoceno *versus* o ecoceno: como superar a surdez e a cegueira face aos riscos ecológico-sociais, 79

   1 A Terra entrou no "cheque especial", 80

   2 A nova era geológica: o antropoceno/o ecoceno, 82

Terceira parte – A regressão: mais um golpe de classe, 87

I – Os equívocos e erros do PT e o sonho de Lula, 89

II – 2016: golpe de classe com uso do parlamento e do complexo jurídico-midiático, 97

   1 Quando se tentou matar a esperança do povo brasileiro, 98

III – A reconquista do poder pela classe dominante, 103

IV – O *impeachment* da Presidenta Dilma Rousseff como repetição da tragédia brasileira, 108

V – 1964: golpe de classe com uso da força militar; 2016: novo golpe de classe com uso do parlamento, 112

VI – Da recessão econômica à depressão psicológica, 117

VII – O golpe parlamentar como assalto ao bem comum, 121

VIII – Interlúdio: dez lições da múltipla crise brasileira, 125

Quarta parte – Completar a refundação ou prolongar a dependência?, 129

I – A herança de exclusão na história do Brasil, 131

II – Brasil: uma construção interrompida?, 137

Quinta parte – Exigências para uma refundação do Brasil, 143

I – A transição da velha para a nova cosmologia, 145

    1 Duas cosmologias em confronto, 145

    2 Os desafios da cultura do capital, 149

    3 Os protagonistas do novo: os movimentos sociais de base, 150

    4 Os passos rumo à transição para o novo, 152

Sexta parte – Pressupostos para uma refundação do Brasil, 155

I – A conquista da cidadania pelo próprio povo, 157

    1 Dimensões da cidadania, 157

    2 Cidadania e projeto de refundação do Brasil, 159

    3 A importância da boa vontade geral para uma refundação do Brasil, 161

II – Sociedade sustentável, democracia socioecológica e educação libertadora, 165

    1 Desenvolvimento ou sociedade sustentável?, 166

    2 O sentido de um ecodesenvolvimento, 170

    3 A construção de uma democracia integral, 173

    4 Educação da práxis: aprender fazendo, 174

    5 Uma educação ecocentrada, 177

III – A universidade e a aliança dos saberes, 180

    1 A dívida social da *intelligentsia* brasileira, 181

    2 O encontro da universidade com a miséria, 182

    3 Articular a inteligência com os movimentos sociais, 184

4 A universidade e o saber popular, 185

5 A projeção de um horizonte utópico, 187

6 De uma democracia de baixa intensidade a uma democracia socioecológica, 188

    6.1 Vários tipos de democracia existentes, 189

    6.2 A democracia socioecológica, 192

    6.3 Uma democracia na qual todos possam caber, a natureza incluída, 196

7 Democracia e cosmologia contemporânea, 198

8 Novos cidadãos: a Terra e os seres da natureza, 199

9 A base biológica da democracia e do socialismo, 201

10 O socialismo como radicalização da democracia não foi ao limbo, 211

Sétima parte – A utopia da refundação do Brasil, 215

I – As três pilastras que sustentam a refundação do Brasil, 217

II – Aqui a natureza está "perpetuamente em festa": uma biocivilização, 219

    1 Brasil: mesa posta para a fome do mundo inteiro, 220

    2 A Amazônia: nem pulmão, nem celeiro, nem selvagem, 223

III – A cultura: nicho da refundação do Brasil, 229

    1 A variedade contraditória das culturas no Brasil, 231

    2 O projeto da refundação do Brasil, 235

IV – O povo brasileiro em fazimento, 246

1 A centralidade da vida em todas as suas formas, 247

2 O perfil do povo brasileiro *in statu nascendi*, 249

3 Brasil: a Roma dos trópicos?, 255

Conclusão – Brasil, nosso sonho bom: a sua refundação, 257

Referências, 261

LIVROS DE LEONARDO BOFF

1 – *O Evangelho do Cristo Cósmico*. Petrópolis: Vozes, 1971 [Esgotado – Reeditado pela Record (Rio de Janeiro), 2008].

2 – *Jesus Cristo libertador*. 21. ed. Petrópolis: Vozes, 2012.

3 – *Die Kirche als Sakrament im Horizont der Welterfahrung*. Paderborn: Verlag Bonifacius-Druckerei, 1972 [Esgotado].

4 – *A nossa ressurreição na morte*. 11. ed. Petrópolis: Vozes, 2012.

5 – *Vida para além da morte*. 26. ed. Petrópolis: Vozes, 2012.

6 – *O destino do homem e do mundo*. 12. ed. Petrópolis: Vozes, 2012.

7 – *Experimentar Deus*. 2. ed. Petrópolis: Vozes, 2012 [Publicado em 1974 pela Vozes com o título *Atualidade da experiência de Deus* e em 2002 pela Verus com o título atual].

8 – *Os sacramentos da vida e a vida dos sacramentos*. 28. ed. Petrópolis: Vozes, 2012.

9 – *A vida religiosa e a Igreja no processo de libertação*. 2. ed. Petrópolis: Vozes/CNBB, 1975 [Esgotado].

10 – *Graça e experiência humana*. 7. ed. Petrópolis: Vozes, 2012.

11 – *Teologia do cativeiro e da libertação*. Lisboa: Multinova, 1976 [Reeditado pela Vozes, 2014 (7. ed.)].

12 – *Natal*: a humanidade e a jovialidade de nosso Deus. 8. ed. Petrópolis: Vozes, 2009.

13 – *Eclesiogênese* – As comunidades reinventam a Igreja. 3. ed. Petrópolis: Vozes, 1977 [Reeditado pela Record (Rio de Janeiro), 2008].

14 – *Paixão de Cristo, paixão do mundo*. 7. ed. Petrópolis: Vozes, 2012.

15 – *A fé na periferia do mundo*. 5. ed. Petrópolis: Vozes, 1991 [Esgotado].

16 – *Via-sacra da justiça*. 4. ed. Petrópolis: Vozes, 1978 [Esgotado].

17 – *O rosto materno de Deus*. 11. ed. Petrópolis: Vozes, 2012.

18 – *O Pai-nosso* – A oração da libertação integral. 13. ed. Petrópolis: Vozes, 2013.

19 – *Da libertação* – O teológico das libertações sócio-históricas. 4. ed. Petrópolis: Vozes, 1976 [Esgotado].

20 – *O caminhar da Igreja com os oprimidos*. Rio de Janeiro: Codecri, 1980 [Esgotado – Reeditado pela Vozes (Petrópolis), 1998 (2. ed.)].

21 – *A Ave-Maria* – O feminino e o Espírito Santo. 10. ed. Petrópolis: Vozes, 2014.

22 – *Libertar para a comunhão e participação*. Rio de Janeiro: CRB, 1980 [Esgotado].

23 – *Igreja*: carisma e poder. Petrópolis: Vozes, 1981 [Reedição ampliada pela Ática (Rio de Janeiro), 1994, e pela Record (Rio de Janeiro), 2005].

24 – *Crise, oportunidade de crescimento.* Petrópolis: Vozes, 2011 [Publicado em 1981 pela Vozes com o título *Vida segundo o Espírito* e em 2002 pela Verus com o título atual].

25 – *São Francisco de Assis*: ternura e vigor. 13. ed. Petrópolis: Vozes, 2012.

26 – *Via-sacra para quem quer viver.* Petrópolis: Vozes, 2012 [Publicado em 1982 pela Vozes com o título *Via-sacra da ressurreição* e em 2003 pela Verus com o título atual].

27 – *Mestre Eckhart*: a mística do ser e do não ter. Petrópolis: Vozes, 1983 [Reedição sob o título de *O livro da Divina Consolação.* Petrópolis: Vozes, 2006 (6. ed.)].

28 – *Ética e ecoespiritualidade.* Petrópolis: Vozes, 2011 [Publicado em 1984 pela Vozes com o título *Do lugar do pobre* e em 2003 pela Verus com o título atual e com o título *Novas formas da Igreja*: o futuro de um povo a caminho].

29 – *Teologia à escuta do povo.* Petrópolis: Vozes, 1984 [Esgotado].

30 – *A cruz nossa de cada dia.* Petrópolis: Vozes, 2012 [Publicado em 1984 pela Vozes com o título *Como pregar a cruz hoje numa sociedade de crucificados* e em 2004 pela Verus com o título atual].

31 – *Teologia da Libertação no debate atual.* Petrópolis: Vozes, 1985 [Esgotado].

32 – *Francisco de Assis* – homem do paraíso. 4. ed. Petrópolis: Vozes, 1999.

33 – *A Trindade e a Sociedade.* 6. ed. Petrópolis: Vozes, 2014.

34 – *E a Igreja se fez povo.* Petrópolis: Vozes, 1986 [Reedição pela Verus (Campinas), 2004, sob o título de *Ética e ecoespiritualidade* (2. ed.), e *Novas formas da Igreja*: o futuro de um povo a caminho (2. ed.)].

35 – *Como fazer Teologia da Libertação?* 10. ed. Petrópolis: Vozes, 2010.

36 – *Die befreiende Botschaft.* Friburgo: Herder, 1987.

37 – *A Santíssima Trindade é a melhor comunidade.* 12. ed. Petrópolis: Vozes, 2011.

38 – *Nova evangelização*: a perspectiva dos pobres. 4. ed. Petrópolis: Vozes, 1991 [Esgotado].

39 – *La misión del teólogo en la Iglesia.* Estella: Verbo Divino, 1991.

40 – *Seleção de textos espirituais.* Petrópolis: Vozes, 1991 [Esgotado].

41 – *Seleção de textos militantes.* Petrópolis: Vozes, 1991 [Esgotado].

42 – *Con la libertad del Evangelio.* Madri: Nueva Utopia, 1991.

43 – *América Latina*: da conquista à nova evangelização. São Paulo: Ática, 1992.

44 – *Ecologia, mundialização e espiritualidade.* 2. ed. São Paulo: Ática, 1993 [Reedição pela Record (Rio de Janeiro), 2008].

45 – *Mística e espiritualidade* (com Frei Betto). 4. ed. Rio de Janeiro: Rocco, 1994 [Reedição revista e ampliada pela Garamond (Rio de Janeiro), 2005 (6. ed.) e reedição pela Vozes (Petrópolis), 2010].

46 – *Nova era*: a emergência da consciência planetária. 2. ed. São Paulo: Ática, 1994 [Reedição pela Sextante (Rio de Janeiro), 2003, sob o título de *Civilização planetária*: desafios à sociedade e ao cristianismo].

47 – *Je m'explique.* Paris: Desclée de Brouwer, 1994.

48 – *Ecologia* – Grito da terra, grito dos pobres. 3. ed. São Paulo: Ática, 1995 [Reedição pela Sextante (Rio de Janeiro), 2004].

49 – *Princípio Terra* – A volta à Terra como pátria comum. São Paulo: Ática, 1995 [Esgotado].

50 – (org.) *Igreja*: entre norte e sul. São Paulo: Ática, 1995 [Esgotado].

51 – *A Teologia da Libertação*: balanços e perspectivas (com José Ramos Regidor e Clodovis Boff). São Paulo: Ática, 1996 [Esgotado].

52 – *Brasa sob cinzas*. 5. ed. Rio de Janeiro: Record, 1996.

53 – *A águia e a galinha*: uma metáfora da condição humana. 52. ed. Petrópolis: Vozes, 2014.

54 – *A águia e a galinha*: uma metáfora da condição humana. Edição comemorativa – 20 anos. Petrópolis: Vozes, 2017.

55 – *Espírito na saúde* (com Jean-Yves Leloup, Pierre Weil, Roberto Crema). 7. ed. Petrópolis: Vozes, 2007 [Coleção Unipaz].

56 – *Os terapeutas do deserto* – De Fílon de Alexandria e Francisco de Assis a Graf Dürckheim (com Jean-Yves Leloup). 16. ed. Petrópolis: Vozes, 2013 [Coleção Unipaz].

57 – *O despertar da águia*: o dia-bólico e o sim-bólico na construção da realidade. 24. ed. Petrópolis: Vozes, 2013.

58 – *O despertar da águia*: o dia-bólico e o sim-bólico na construção da realidade. Edição especial. Petrópolis: Vozes, 2017.

59 – *Das Prinzip Mitgefühl* – Texte für eine bessere Zukunft. Friburgo: Herder, 1998.

60 – *Saber cuidar* – Ética do humano, compaixão pela terra. 20. ed. Petrópolis: Vozes, 2014.

61 – *Ética da vida*. 3. ed. Brasília: Letraviva, 1999 [Reedição pela Sextante (Rio de Janeiro), 2005, e pela Record (Rio de Janeiro), 2009].

62 – *A oração de São Francisco*: uma mensagem de paz para o mundo atual. 9. ed. Rio de Janeiro: Sextante, 1999 [Reedição pela Vozes (Petrópolis), 2014 (4. ed.)].

63 – *Depois de 500 anos*: que Brasil queremos? 3. ed. Petrópolis: Vozes, 2003 [Esgotado].

64 – *Voz do arco-íris*. 2. ed. Brasília: Letraviva, 2000 [Reedição pela Sextante (Rio de Janeiro), 2004].

65 – *Tempo de transcendência* – O ser humano como um projeto infinito. 4. ed. Rio de Janeiro: Sextante, 2000 [Reedição pela Vozes (Petrópolis), 2009].

66 – *Ethos mundial* – Consenso mínimo entre os humanos. Brasília: Letraviva, 2000 [Reedição pela Sextante (Rio de Janeiro), 2003 (2. ed.). Reedição pela Record (Rio de Janeiro) em 2009].

67 – *Espiritualidade* – Um caminho de transformação. Rio de Janeiro: Sextante, 2001 [Reedição pela Mar de Ideias (Rio de Janeiro) em 2016].

68 – *Princípio de compaixão e cuidado* (em colaboração com Werner Müller). 4. ed. Petrópolis: Vozes, 2009.

69 – *Globalização*: desafios socioeconômicos, éticos e educativos. 3. ed. Petrópolis: Vozes, 2002 [Esgotado].

70 – *O casamento entre o céu e a terra* – Contos dos povos indígenas do Brasil. São Paulo: Salamandra, 2001 [Reedição pela Mar de Ideias (Rio de Janeiro) em 2014].

71 – *Fundamentalismo*: a globalização e o futuro da humanidade. Rio de Janeiro: Sextante, 2002 [Esgotado].

72 – (com Rose Marie Muraro) *Feminino e masculino*: uma nova consciência para o encontro das diferenças. 5. ed. Rio de Janeiro: Sextante, 2002 [Reedição pela Record (Rio de Janeiro), 2010].

73 – *Do iceberg à arca de Noé*: o nascimento de uma ética planetária. 2. ed. Rio de Janeiro: Garamond, 2002 [Reedição pela Mar de Ideias (Rio de Janeiro), 2010].

74 – (com Marco Antônio Miranda) *Terra América*: imagens. Rio de Janeiro: Sextante, 2003 [Esgotado].

75 – *Ética e moral*: a busca dos fundamentos. 9. ed. Petrópolis: Vozes, 2014.

76 – *O Senhor é meu Pastor*: consolo divino para o desamparo humano. 3. ed. Rio de Janeiro: Sextante, 2004 [Reedição pela Vozes (Petrópolis), 2013 (3. ed.)].

77 – *Responder florindo*. Rio de Janeiro: Garamond, 2004 [Reedição pela Mar de Ideias (Rio de Janeiro), 2012].

78 – *São José*: a personificação do Pai. 2. ed. Campinas: Verus, 2005 [Reedição pela Vozes (Petrópolis), 2012].

79 – *Virtudes para um outro mundo possível* – Vol. I: Hospitalidade: direito e dever de todos. Petrópolis: Vozes, 2005.

80 – *Virtudes para um outro mundo possível* – Vol. II: Convivência, respeito e tolerância. Petrópolis: Vozes, 2006.

81 – *Virtudes para um outro mundo possível* – Vol. III: Comer e beber juntos e viver em paz. Petrópolis: Vozes, 2006.

82 – *A força da ternura* – Pensamentos para um mundo igualitário, solidário, pleno e amoroso. Rio de Janeiro: Sextante, 2006 [Reedição pela Mar de Ideias (Rio de Janeiro) em 2012].

83 – *Ovo da esperança*: o sentido da Festa da Páscoa. Rio de Janeiro: Mar de Ideias, 2007.

84 – (com Lúcia Ribeiro) *Masculino, feminino*: experiências vividas. Rio de Janeiro: Record, 2007.

85 – *Sol da esperança* – Natal: histórias, poesias e símbolos. Rio de Janeiro: Mar de Ideias, 2007.

86 – *Homem*: satã ou anjo bom. Rio de Janeiro: Record, 2008.

87 – (com José Roberto Scolforo) *Mundo eucalipto*. Rio de Janeiro: Mar de Ideias, 2008.

88 – *Opção Terra*. Rio de Janeiro: Record, 2009.

89 – *Fundamentalismo, terrorismo, religião e paz*. Petrópolis: Vozes, 2009.

90 – *Meditação da luz*. 2. ed. Petrópolis: Vozes, 2010.

91 – *Cuidar da Terra, proteger a vida*. Rio de Janeiro: Record, 2010.

92 – *Cristianismo*: o mínimo do mínimo. Petrópolis: Vozes, 2013.

93 – *El planeta Tierra*: crisis, falsas soluciones, alternativas. Madri: Nueva Utopia, 2011.

94 – (com Marie Hathaway). *O Tao da Libertação* – Explorando a ecologia da transformação. 2. ed. Petrópolis: Vozes, 2012.

95 – *Sustentabilidade*: O que é – O que não é. 5. ed. Petrópolis: Vozes, 2016.

96 – *Jesus Cristo Libertador*: ensaio de cristologia crítica para o nosso tempo. Petrópolis: Vozes, 2012 [Selo Vozes de Bolso].

97 – *O cuidado necessário*: na vida, na saúde, na educação, na ecologia, na ética e na espiritualidade. Petrópolis: Vozes, 2012.

98 – *O Tao da Libertação*: explorando a ecologia da transformação (com Mark Hathaway e prefácio de Fritjof Capra). Petrópolis: Vozes, 2010.

99 – *A grande transformação*: na economia, na política, na ecologia e na educação. Petrópolis: Vozes, 2014.

100 – *Há esperança para a criação ameçada?* (com Jürgen Moltmann). Petrópolis: Vozes, 2014.

101 – *O Espírito Santo* – Fogo interior, doador de vida e Pai dos pobres. Petrópolis: Vozes, 2013.

102 – *Francisco de Assis – Francisco de Roma*: a irrupção da primavera? Rio de Janeiro: Mar de Ideias, 2013.

103 – *Ecologia: grito da Terra, grito dos pobres* – Dignidade e direitos da Mãe Terra. Petrópolis: Vozes, 2015.

104 – *A Terra na palma da mão* – Uma nova visão do planeta e da humanidade. Petrópolis: Vozes, 2015.

105 – *Ética e Espiritualidade* – Como cuidar da Casa Comum. Petrópolis: Vozes, 2017.

106 – *Direitos do coração* – Como reverdecer o deserto. São Paulo: Paulus, 2016.

107 – *De onde vem?* – Uma nova visão do universo, da Terra, da vida, do ser humano, do espírito e de Deus. Rio de Janeiro: Mar de Ideias, 2017.

108 – *As quatro ecologias*: ambiental, política e social, mental e integral. Rio de Janeiro: Mar de Ideias, 2012.

109 – *Ecologia, ciência, espiritualidade* – A transição do velho para o novo. Rio de Janeiro: Mar de Ideias, 2015.

110 – (com Luigi Zoja) *Memórias inquietas e persistentes de L. Boff*. São Paulo: Ideias & Letras, 2016.

111 – (com Tomás de Kempis) *Imitação de Cristo e seguimento de Jesus*. Petrópolis: Vozes, 2016.

112 – *O livro dos elogios* – O significado do insignificante. São Paulo: Paulus, 2017.

113 – *A casa, a espiritualidade, o amor*. São Paulo: Paulinas, 2017.

114 – (com Anselm Grün) *O divino em nós*. Petrópolis: Vozes, 2017 [Vozes Nobilis].

115 – (com Frei Betto e Mario Sergio Cortella) *Felicidade foi-se embora?* Petrópolis: Vozes, 2016 [Vozes Nobilis].

116 – *Brasil* – Concluir a refundação ou prolongar a dependência? Petrópolis: Vozes, 2018.

Sustentabilidade

Leonardo Boff

A sustentabilidade representa, diante da crise socioambiental generalizada, uma questão de vida ou de morte. O autor faz um histórico do conceito desde o século XVI até os dias atuais, submetendo a uma rigorosa crítica os vários modelos existentes de desenvolvimento sustentável.

À base de uma visão sistêmica, fundada na nova cosmologia, nas ciências da vida e da Terra, apresenta um conceito de sustentabilidade integral, aplicável ao universo, à Terra, à comunidade de vida, à sociedade, ao desenvolvimento, à educação e à vida de cada pessoa.

A vitalidade da Terra e o futuro da espécie humana só serão garantidos se conseguirmos conferir-lhes sustentabilidade. Caso contrário, podemos ir ao encontro da escuridão. Daí a importância de conhecermos melhor o que é ou não é a sustentabilidade.

Pesam sobre o Sistema Terra e o Sistema Vida, incluindo a espécie humana, graves ameaças vindas da atividade humana descuidada e irresponsável, a ponto de destruir o frágil equilíbrio do planeta. A consequência mais perceptível é o aquecimento global, que se revela pelos eventos extremos como os tsunamis, as grandes secas e as devastadoras enchentes. A sustentabilidade é a ação que procura devolver o equilíbrio à Terra e aos ecossistemas para que a Casa Comum possa continuar habitável e para que possamos salvar a vida humana e nossa civilização. É o sentido deste livro.

Leonardo Boff, 1938, é formado em Teologia e Filosofia. Já escreveu mais de cem livros nas várias áreas humanísticas, a maioria deles publicada pela Editora Vozes. Desde 1980 tem se ocupado intensivamente com as questões da ecologia e ajudou a formular uma ecoteologia da libertação. Daí surgiram os seguintes livros: *Ecologia: grito da Terra - grito dos pobres* (Ática/ Sextante, 1999); *Ecologia, mundialização e espiritualidade* (Record, 2008); *Homem: satã ou anjo bom* (Record, 2009); *Ética e ecoespiritualidade* (Vozes, 2011); *Saber cuidar – Ética do humano; compaixão pela Terra* (Vozes, 1999); *Ética da vida* (Record, 2009); *Do iceberg à arca de Noé* (Garamond, 2002); *Responder florindo* (Garamond, 2004); *A opção Terra – A solução para a Terra não cai do céu* (Record, 2009); *Cuidar da Terra e proteger a vida – Como evitar o fim do mundo* (Record, 2010); com Mark Hathaway, *O Tao da libertação – Explorando a ecologia da transformação* (Vozes, 2012), medalha de ouro nos Estados Unidos em cosmologia e nova ciência. Participou da redação da *Carta da Terra*. É autor do DVD *As quatro ecologias* e do DVD *Ética e ecologia*.

CULTURAL

Administração
Antropologia
Biografias
Comunicação
Dinâmicas e Jogos
Ecologia e Meio Ambiente
Educação e Pedagogia
Filosofia
História
Letras e Literatura
Obras de referência
Política
Psicologia
Saúde e Nutrição
Serviço Social e Trabalho
Sociologia

CATEQUÉTICO PASTORAL

Catequese
 Geral
 Crisma
 Primeira Eucaristia

Pastoral
 Geral
 Sacramental
 Familiar
 Social
 Ensino Religioso Escolar

TEOLÓGICO ESPIRITUAL

Biografias
Devocionários
Espiritualidade e Mística
Espiritualidade Mariana
Franciscanismo
Autoconhecimento
Liturgia
Obras de referência
Sagrada Escritura e Livros Apócrifos

Teologia
 Bíblica
 Histórica
 Prática
 Sistemática

VOZES NOBILIS

Uma linha editorial especial, com importantes autores, alto valor agregado e qualidade superior.

REVISTAS

Concilium
Estudos Bíblicos
Grande Sinal
REB (Revista Eclesiástica Brasileira)
SEDOC (Serviço de Documentação)

VOZES DE BOLSO

Obras clássicas de Ciências Humanas em formato de bolso.

PRODUTOS SAZONAIS

Folhinha do Sagrado Coração de Jesus
Calendário de mesa do Sagrado Coração de Jesus
Agenda do Sagrado Coração de Jesus
Almanaque Santo Antônio
Agendinha
Diário Vozes
Meditações para o dia a dia
Encontro diário com Deus
Guia Litúrgico

CADASTRE-SE
www.vozes.com.br

EDITORA VOZES LTDA.
Rua Frei Luís, 100 – Centro – Cep 25689-900 – Petrópolis, RJ
Tel.: (24) 2233-9000 – Fax: (24) 2231-4676 – E-mail: vendas@vozes.com.br

UNIDADES NO BRASIL: Belo Horizonte, MG – Brasília, DF – Campinas, SP – Cuiabá, MT
Curitiba, PR – Fortaleza, CE – Goiânia, GO – Juiz de Fora, MG
Manaus, AM – Petrópolis, RJ – Porto Alegre, RS – Recife, PE – Rio de Janeiro, RJ
Salvador, BA – São Paulo, SP